Ложный след

Андрей Зарин

Ложный след

Copyright © 2022 Indo-European Publishing

ISBN: 978-1-64439-801-2

СОДЕРЖАНИЕ

ЛОЖНЫЙ СЛЕД

ЧАСТЬ I

I

Проня после вечернего чая захотела гулять. Собственно, ей хотелось подольше побыть с Гроховым и наговориться с ним досыта.

— Ты не жди меня, мамочка, ложись спать! — сказала она, торопливо застёгивая у ворота лёгкую накидку.

Авдотья Павловна, полная, ещё молодая брюнетка, добродушно улыбнулась в ответ и обратилась к Грохову:

— Вас-то я увижу ещё раз?

— Обязательно! завтра приду и уже от вас поеду, — ответил он, крепко целуя её руку.

Проня уже скользнула за двери.

— Вы её, смотрите, с собой не увезите, — пошутила Авдотья Павловна.

— Зачем мне увозить её, когда вы её мне сами привезёте, — ответил ей в тон Грохов.

— Ждите! — засмеялась Авдотья Павловна, но Грохов был уже за дверью.

Проня торопливо взяла его под руку. Они прошли крошечный дворик и через калитку вышли на пустынную улицу.

Голубоватая мгла душной июльской ночи охватила их со всех сторон. Тёплый ветер пахнул им в лицо. Впереди мелькали редкие огоньки, над ними раскинулось синее звёздное небо, а кругом их была тёмная душная ночь со всею прелестью своей таинственной тишины. Только издалека, с главных улиц, чуть слышно доносилось дребезжание дрожек.

— Хорошо, — прошептала Проня, глубоко вздохнув.

Грохов крепче прижал её руку.

— Куда пойдём?

— По дороге к лесу!

Рощины жили на краю города. Почти тотчас от них начиналась удивительная липовая аллея, краса города, которая вела к сосновому лесу. Он стоял на крутом обрыве, над быстрой рекой. Когда-то в его чаще стоял великолепный дворец польского магната; к нему-то и была проведена эта чудная аллея. Но магнат давно умер, дворец обратился в груду развалин, и сохранилась лишь ароматная липовая аллея. Густые верхушки роскошных деревьев тихо перешёптывались между собою при лёгком ночном ветерке и, может быть, рассказывали друг другу о прежней богатой жизни умершего богача, но Проне и Грохову некогда было слушать их шёпот. Они жадно слушали друг друга, а в минуты молчания всецело отдавались сладкому чувству первой взаимной любви.

В прошлом году они оба окончили гимназии, в прошлом же году они поверили Авдотье Павловне свою тайну и ждали только благоприятных условий, чтобы стать мужем и женою.

Их планы были просты и ясны. Проня начала давать уроки и копить деньги. Авдотья Павловна, акушерка, увеличила практику и сократила расходы, а Грохов занял место секретаря у богача Гинтовта. Через два года он уедет в Петербург в университет, а Рощины — за ним. Они будут давать уроки, станут держать меблированные комнаты, столовую для студентов, библиотеку, словом, они схватятся с жизнью, как настоящие борцы, и, понятно, выйдут победителями. Их молодые силы, одушевлённые любовью, сломят все преграды!

Каких пылких мечтаний ни слыхали стены маленькой гостиной Рощиной! На развёрнутом ломберном столике кипел самовар; приветливо, мягким светом, горела лампа; дружной семьёю сидели они трое вокруг стола, и Грохов, как дважды два — четыре, доказывал несомненность их жизненной победы.

Его пылкой речью увлекалась даже Авдотья Павловна, а Проня заливалась весёлым детским смехом и в радости хлопала в ладоши.

И вдруг, не прошло ещё года, и Грохов вчера разбранился с Гинтовтом, бросил своё место, а завтра едет в Петербург уже не учиться, а искать место. Весь план расстроился, но цель осталась та же. Чего же горевать?

— Ты уедешь, — с тоскою сказала Проня.

— К Рождеству ты приедешь ко мне, — ответил Грохов.

— Полгода!

— Люди ждут своего счастья десятки лет.

Темноту липовой аллеи прорезала широкая полоса холодного электрического света. Это был недавно открытый загородный сад "Моя радость" с акробатами, музыкой и шансонетками. Широкий подъезд был разукрашен разноцветными шкаликами; к нему то и дело подъезжали экипажи; два городовых и околоточный мерно ходили по площадке; кассиры высовывались из своих будочек, а билетёры суетливо хлопотали, протягивая каждому входящему красные листы афиш.

— Пройдём скорее! — шепнула Проня.

Они ускорили шаг и быстро перешли ярок освещённую площадку. Какой-то юноша в цилиндре, с помятым лицом, нагло заглянул в глаза Прони, отчего она съёжилась и пугливо прижалась к плечу Грохова.

Непроглядная тьма окружила их, едва они миновали площадку; Грохов поднял руку Прони и прижал к своим губам.

— И знаешь, — заговорил он: — я доволен, в конце концов. От Гинтовта я не мог ничего скопить (разве наградил бы); время шло и терялось бесплодно. А теперь? Теперь всё сокращается на год, на целый год! Скворцов обещался похлопотать. Она не такой человек, на него положиться можно. Я стану получать 50, 75 рублей; к Рождеству приедешь ты с мамой — и всё пойдёт, как по писаному. На год раньше! А потом: и тяготила меня служба у этого мерзавца!.. я же тебе не раз говорил.

— Из-за чего ты поссорился?

— Не спрашивай, я всё равно не скажу, — ответил он, и Проня почувствовала, как нервно сжалась её рука.

Вдруг он засмеялся.

3

— Ах, Проня! — если бы ты видела, какая у него была смешная рожа! как он струсил. Он действительно обозлил меня, и я ему крикнул: "убью, как пса" или что-то в этом роде. Как он отпрыгнет, толстый, жирный!.. спрятался за стол и стал звать лакея. Я плюнул и ушёл.

— Ты не видался с ним больше?

— Зачем? вчера он прислал мне, "по-благородному", за три месяца жалованье; я вязл за один, остальное послал обратно. Зачем нам видеться?

— Как Вишнякова обидится! ведь она рекомендовала.

— А шут с ней! Она всё равно продаёт ему свою дочь.

— Зачем ты говоришь так? Гадко!..

— Навидался я у этого Гинтовта... и наслушался.

Они подошли к лесу. На них пахнуло сыростью.

— Пойдём назад, — сказала Проня.

Они повернули. До них доносилось пение из сада:

— Ми-ла-я, ты услышь меня,
Под окном сто-ю я с гита-рою! —

Распевал чей-то высокий тенор. Эта душная, тёмная ночь и раздражающее пение внезапно словно опьянили его. Он охватил рукаи Проню и стал целовать, ища в темноте её губы.

— Ми-ла-я, — шептал он, невольно попадая в ритм пения.

Проня замерла и вся отдалась его ласкам.

— И люблю же я; Господи, как люблю! — воскликнул Грохов, снова беря под свою руку руку Прони.

Она прижалась к нему и сжала его локоть.

Они тихо подходили к освещённой площадке.

Вдруг, у самой площадки, Грохов отшатнулся и увлёк Проню в темноту аллеи.

— Он! — шепнул Грохов.

— Кто?

— Гинтовт!

Из пролётки, лихо подкатившей к подъезду, медленно вылез полный, высокий мужчина в изящном пальто и светлом цилиндре. Полное, самодовольное лицо его было румяно и бело; маленькие глаза нагло смотрели по сторонам, а мясистые губы и подбородок придавали ему что-то животное.

4

Он медленно, вперевалку пошёл к подъезду; билетёры с заискивающей улыбкой бросились к нему. В это время к подъезду подошла дама в ухарски надетой набекрень шляпе.

Гинтовт с грубым смехом обхватил её за талию и скрылся с нею в подъезде.

— Каналья!.. — прошептал Грохов.

— Чего ты ругаешься? — улыбнулась Проня.

Ей нравилось всегда негодование Грохова, потому что в нём слышалось возмущение благородного сердца.

— Всё же я рад, Проня, — повторил Грохов, когда они миновали площадку: — что всё так кончилось. Всё к лучшему, моя дорогая!

— Но ты уедешь, — повторила и Проня.

— Глупости! что значат полгода! а зато...

И Грохов начал мечтать вслух. Слушая его горячие речи, нельзя было не поверить в возможность осуществления этих грёз. Разве неправда, что они сильны и молоды, что они любят друг друга? разве они не знали нужды, лишений, чтобы испугаться их?..

Проня слушала его, затаив дыханье, и всё крепче и крепче прижималась к его плечу. О, с ним она действительно узнает счастье! подле него ей не будет страшно!..

Они подошли к дому. В доме уже все спали, и пять окошек квартиры Рощиных холодно белели своими занавесками в темноте ночи.

— Прощай, милый, — сказала Проня: — ты придёшь завтра?

Громов обнял её и стал целовать без счёту.

— Приду, приду, приду! — говорил он при каждом поцелуе.

— Пусти! — вырвалась наконец от него Проня: — когда же?

— Напишу письма, уложусь и — к тебе! Вероятно к обеду.

— Когда поезд?

— В одиннадцать ночи.

— Я пойду провожать тебя. До свиданья, милый!

— Прощай, ласточка! Я подожду тебя! — крикнул он вслед Проне.

Она ушла, а он остался на улице.

Крайнее окошко тихо растворилось. Грохов осторожно подошёл к нему.

— Мама спит уже, — прошептала Проня.

Грохов обнял её. Ему трудно было расстаться с нею, и, когда он наконец оторвался от неё, то несколько раз оглядывался и улыбался в темноте ночи, думая, что его видит дорогая Проня. Она стояла перед ним, как живая; высокая ростом, с прямым носом, смелыми глазами и густыми, тёмными бровями над ними; её губы улыбались ему, её руки протягивались к нему, и он невольно улыбался своему видению.

"Милая, ты услышь меня", — пело в его душе, пело вокруг в темноте ночи, котрая и дразнила, и нежила его, и заставляла неотступно думать о своём счастье, о Проне.

II

Проня, простившись с Гроховым, не могла заснуть сразу. Перед нею вдруг словно открылась новая жизнь. Сначала она будет без него, одна. Это ей казалось как-то странно, потом переезд в Петербург, и потом... Краска заливала её лицо, и она боялась мечтать дальше... О, они будут счастливы! В сотый раз она вспоминала мелочи их первой встречи, знакомства, любви и целых два года полного, беспредельного счастья.

Юный, стройный и гибкий, как лоза, с большими серыми глазами и какою-то девственной чистотою лица, он явился в первый раз перед нею в чёрной гимназической куртке. Как забавна, но как хороша была эта первая ребяческая любовь, перешедшая потом в такое сильное чувство!

Дни бежали за днями, и, вдруг её мальчик превратился в настоящего мужчину. Грудь и плечи развились и окрепли, лицо приняло мужественное, серьёзное выражение, и белокурая, нежная бородка, опушившая его подбородок, сделала его сразу взрослым.

Она лежала, раскрыв глаза, и, смотря в темноту ночи, едва успевала следить за мыслями, беспрестанно пробегающими в её голове.

— Ты счастлива, Проня? — вдруг услышала она ласковый голос матери.

— О да, мама! — тихо ответила Проня.

Авдотья Павловна вздохнула и подумала, что такое счастье даётся только раз в жизни.

И она была счастлива, а потом? её муж умер внезапно, оставив её с крошечной Проней без всяких средств к жизни. Она бросилась учиться. Это была тяжёлая жизнь: береги дочь, добывай деньги и учись, учись!.. потом она переехала в этот город, и тут началась тяжёлая, трудовая жизнь. Сколько пришлось испытать ей нужды и горя, прежде чем она добилась приличной практики.

Да, счастье даётся только раз в жизни, да и то — надолго ли?..

Грохов шёл, не разбирая дороги; он вышел в город, пересёк его и перешёл на другую его окраину, к горам.

В городе все спали; ночная тишина царила в улицах, и её изредка нарушали только крик пьяницы, дребезжанье дрожек или пронзительный свисток городового.

Грохов шёл, весь отдавшись обаянию чудной ночи и своей молодой любви. Мало-помалу его мысли приняли определённое направление. Он стал думать о том, что ожидает его в неизвестном Петербурге, как он устроится, как встретит её, Проню, и как устроят они свою новую жизнь.

Вдруг он вздрогнул и невольно, злобно сжал свои кулаки. Ему припомнилась последняя сцена с Гинтовтом.

Сигизмунд Феликсович Гинтовт был когда-то гусаром; с небольшим капиталом, в чине ротмистра, он вышел в отставку и занялся "афёрами"; он попросту отдавал деньги в рост, не стесняясь даже ценными вещами, которые брал под залог. В десять, двенадцать лет он нажил себе крупное состояние.

Грохов увидел его у Вишняковых, где этот Гинтовт ухаживал за их дочерью. Грохову противно было глядеть на это ухаживанье. Наглый, старый, сластолюбивый Гинтовт не скрывал своих чувств, несмотря на всё отвращение к нему Татьяны. Сама Вишнякова ухаживала за ним, и Грохов ясно понимал поведение Гинтовта.

Когда он окончил гимназию и искал места, Вишнякова рекомендовала его Гинтовту, и тот взял его в качестве секретаря за 50 руб. в месяц. Он взял его скорее как собеседника и с наслаждением развращал душу юноши своими циничными разговорами.

Грохов терпел, негодуя. Гинтовт часто говорил ему о прелестях Татьяны и, плотоядно хихикая, повторял:

— Не увернуться! Серафимочка вся у меня в руках! Вот! — он показывал сжатый кулак.

Серафимочкой он называл мать Татьяны, Серафиму Герасимовну. Грохов вздрагивал в отвращении и предпочитал лучше писать под его диктовку "собрание сальных рассказов и анекдотов", чем слушать его беседы.

И вот, на днях, Гинтовт решился в своих разговорах коснуться Прони.

— Прехорошенькая девчонка, — сказал он про неё, вспоминая вечер, проведённый у Вишняковых.

Грохов вздрогнул.

— Я, знаете, люблю таких, — продолжал, плотоядно улыбаясь, Гинтовт: — стройная, гордая! неприступная! И вот она начинает понемногу сдаваться. Сперва в глазах её молнии, потом недоверие, любопытство, а там вспыхнет огонёк, а там... о-о! — Гинтовт откинулся на кресле и закрыл глаза: — я, знаете, люблю эту девственную целомудренность. Теперь она редкость.

— Сигизмунд Феликсович, я прошу вас замолчать, — дрожащим от волнения голосом остановил его Грохов.

Гинтовт в изумлении раскрыл глаза.

— Это почему?

— Потому... потому что она — моя невеста! — ответил он.

Гинтовт хлопнул рукой по коленке и захохотал.

— О-го-го! Губа-то не дура! ай да юнец!

— Я вас прошу...

— Ну, бросьте, бросьте! — ласково сказал Гинтовт и, насмешливо прищуриваясь, продолжал: — славненькая, а? а я думаю, когда целует...

— Замолчите! — заорал Грохов, вскакивая с места.

Гинтовт отшатнулся и засмеялся ещё наглее.

— Ревнуете? Бросьте, птенец, это не в моде! Всё равно её потом купят. Вопрос: кто первый!..

— Подлец! — крикнул Грохов.

Гинтовт не унимался.

— Уступите мне место: озолочу!

Грохов не выдержал и с бешенством бросился на Гинтовта. Тот успел забежать за письменный стол.

— Убью, как собаку! — прохрипел Грохов, наступая.

— Василий! — закричал перепуганный Гинтовт.

В кабинет вбежал рослый лакей.

Грохов очнулся.

— Подлец! — повторил он в лицо Гинтовту и, хлопнув дверью, вышел из кабинета.

Теперь, вспоминая эту сцену, Грохов не мог удержать своего негодования. Он чувствовал, как кровь прилила к его голове, и невольно злобно сжал кулаки.

— Барин, дай на ночлег! — прохрипел подле него пьяный голос.

Грохов молча продолжал путь. Грубая рука схватила его за плечо.

— Барин, слышь! давай скорее! сколько хочешь, не неволю; слышь! потому как я — блудный сын, — хрипел пьяный голос, а рука давила плечо Грохову.

Он размахнулся и ударил наотмашь. Рука его сильно ударилась о что-то твёрдое. Он услышал стон, ругательство и, освободив своё плечо, быстро перешёл на другую сторону улицы и пошёл домой.

Эта встреча отрезвила его. Он тихо поднялся в мезонин деревянного флигеля, где у сапожника Сухорукова снимал комнату, и вошёл к себе.

Засветив свечку, он хотел было писать письма, но настроение его было испорчено. Он ничего не мог делать и стал медленно раздеваться. Снимая коломенковый пиджак, он увидел на правом рукаве широкую кровавую полосу. Он с отвращением сбросил с себя пиджак. На рукаве рубашки было тоже несколько кровяных пятен.

"Верно, по носу угодил", — с гадливостью подумал Грохов, сбрасывая с себя и рубашку. Через несколько минут он лежал уже в постели и крепко спал, не предчувствуя страшной беды, которая нависла над ним.

III

Феноген Лопастый, кухонный мужик Бегишева, не только успел исполнить все данные ему поручения, но даже напиться пьяным. Ни свет, ни заря он торопливо впрег лошадь в телегу, ввалился в неё и погнал в усадьбу.

Утренний свежий ветерок разобрал его голову, ещё тяжёлую от вчерашнего пьянства, и он крепко задремал, стукаясь головою о борты телеги.

— Вот барское житьё, эх-ма! — бормотал он в просонках: — ешь, пей; жизнь тебе масляная. Теперь захотел Ляксей Миколаич праздник делать, — сичас вот тебе письмо в хруктовую. Тут тебе всякой всячины навалили. Теперь опять письма раздай: примерно, господину Адову, Вишнякову, г-ну Морозову, и сейчас все они тебе на чаёк, на водку, на угощение! Господи, четыре рубля! Теперь с Фёдором штоф, с Антипом пару пива, с Матрёной — шут её дери!.. И Феноген Лопастый в полудрёме продолжал бы рассуждать всю дорогу вплоть до усадьбы Бегишева, если бы не почудилось ему, что с лошадью творится что-то неладное. Телега круто завернула вбок, толкнулась, прыгнула и стала откатываться.

Феноген очнулся и выпрямился. Лошадь, свернувшая к

канаве вдоль липовой аллеи, чтобы пощипать траву, вдруг насторожила уши, взъёжила гриву и стала пугливо пятиться, сбивая в сторону телегу.

— Тпрру! дьявол, леший! — принялся ругаться Феноген, понукая лошадь, но дело уже зашло слишком далеко.

Передняя ось вся подбилась под телегу, и надо было вывести лошадь на дорогу под уздцы.

— Эх, чтоб тебя! — выругался Феноген, лениво вылезая из телеги и подходя к лошади.

Но едва он подошёл к лошадиной морде, как весь хмель выскочил у него из головы, и он заорал чуть ли не благим матом:

— Батюшки-светы, караул!

Кругом была мёртвая тишина, и никто не отозвался на его зов. Бросив лошадь и телегу, он, как безумный, бросился по аллее, не переставая кричать во всё горло. Добежав до подъезда заведения "Моя радость", он стал неистово барабанить в дверь.

На его стук дверь приотворилась, и из неё выглянуло заспанное бритое лицо лакея.

— Какого чёрта? — прохрипел сиплый голос.

— Там, батюшка, помоги! за-ре-зан-ный! — захлёбываясь, ответил Феноген, махая руками.

За бритым лицом высунулось другое, потом третье. Феноген бросился назад к лошади; за ним побежали лакеи; тревожная весть проникла в отдельные кабинеты увеселительного заведения, и засидевшиеся гости с радостью встрепенулись от одолевшей их сонливости. По аллее, к Феногеновой телеге, друг за другом бежали, словно вперегонку, люди и, останавливаясь у канавы, в ужасе толпились и с содроганием заглядывали вперёд.

— За приставом! — крикнул хозяин заведения.

Бритый лакей, с татарской рожей, толкнул Феногена в телегу, схватил вожжи, загикал и стремглав полетел в город, за приставом.

— За доктором, за следователем, прото-кол! — вскрикивал хозяин заведения.

— Ну, чего вы орёте, ведь поехали, — заметил хриплым голосом буфетчик.

— Когда убийство! — оправдался хозяин.

Все тянулись посмотреть на убитого.

— Господа! — вскрикнул один из засидевшихся гостей, — да ведь это Гинтовт!

— Сигизмунд Феликсович? И то! — вскрикнул другой гость.

— Совершенно верно, господин Гинтовт! — почтительно отозвался один из лакеев.

— Богатый человек! — вздохнул буфетчик, словно он предсказывал ему такую гибель от его богатства.

Все пугливо толпились и друг за другом заглядывали в канаву, по скату которой лежало тело Гинтовта.

В нескольких шагах от него валялись палка и светлый цилиндр, очевидно, сброшенный силою удара. Гинтовт лежал во весь свой крупный рост, навзничь, весь по пояс смоченный кровью. У него был проломлен висок и выбит глаз, и лицо имело такое дикое выражение ужаса, что заглядывавшие на него невольно пятились в страхе назад. Однако все успели подглядеть и драгоценный перстень на его руке, и толстую золотую цепь на жилете. Очевидно, он был убит не с целью грабежа. В этом не было ни малейшего сомнения.

Хозяин, буфетчик, гости и лакеи — все сбились в одну группу и стали с горячностью восстановлять в памяти все подробности вчерашнего посещения Гинтовтом увеселительного заведения.

— Он пришёл вчера, чуть ли не в одиннадцать часов, — сказал испитой брюнет.

— Так точно, — подтвердил билетёр: — у меня афишку купили!

— Да ещё Маруся пела!

— Со мной полбутылки красного выпил, — заметил толстый блондин.

— И после ушли, — торопливо сказал лакей.

— Один или с кем? — спросил хозяин.

— Вот этого не упомню; кажется, одни!

12

— И какой весёлый был!..

— Здоровый! — сказал брюнет.

— Вот дура голова, — сказал блондин: — разве он от болезни умер?

Брюнет сконфузился.

— Я к тому, что и не предчувствовал!

— Да разве можно предчувствовать такую штуку?

— Тсс.. едут! — встрепенулся хозяин.

По улице раздалось громыхание колёс, и в облаках пыли показались три пролётки и злополучная телега Феногена.

Впереди всех, махая платком, мчался пристав, за ним следователь со своим письмоводителем, далее доктор с фельдшером, а в телеге, кроме лакея и Феногена, сидело двое околоточных, городовой и ещё какая-то личность в статском платье, с рыжими бакенбардами и огромным толстым носом.

Пристав со всего размаха выскочил из пролётки и побежал к телеге.

— Где убитый, кто, не знаете? — запыхавшись, спрашивал он, протискиваясь к краю оврага. — Господи! — воскликнул он, заглянув: — достопочтеннейший Сигизмунд Феликсович?

Следователь, письмоводитель и доктор уже сошли с пролёток и торопливою поступью приближались к толпе.

— Трупа не трогали? — спросил следователь.

Пристав принял официальный вид и засуетился. Начался осмотр местности и составление протокола на месте.

IV

— Я не понимаю, чего ты так волнуешься, Татьяна? времени ещё очень много! — сказала Серафима Герасимовна Вишнякова, минут десять следя за нервной торопливостью, с которой одевалась её дочь.

— Господи, просто хочу одеться! — ответила Татьяна: — вы всегда во всём видите что-то особенное!

13

Во всяком случае нельзя было скрыть какой-то нервности во всех её движениях. Надевая лиф, она раздражённо передёрнула плечами.

— Позволь, я помогу тебе, — сказала Серафима Герасимовна, делая шаг вперёд.

— Ах, оставьте, пожалуйста, — почти закричала Татьяна: — вы бы лучше помогли мне новое платье сделать.

Серафима Герасимовна сокрушённо подняла к потолку свои серые глаза навыкате. Со своим полным, мясистым лицом, высокая, широкая, она удивительно походила бы на ксендза, если бы на неё накинуть стихарь.

— Видит Бог, я стараюсь об этом, — сказала она, вздохнув: — я не думаю вовсе о Николае, забросила Лидочку; но что я могу поделать? всё от тебя зависит, от одной тебя!

Татьяна крепко потянула лиф, и у него, при застёгивании, отскочила пуговица.

— У-у, гниль! — вскрикнула она злобно и, быстро сняв его, стала искать у зеркала иголку и нитки. — Это выйти за Гинтовта? — спросила она несколько спокойнее, садясь и вдевая нитку в иголку.

— Да, выйти за Гинтовта, — повторила мать, тоже опускаясь на стул: — чем не партия? богат, не стар, — и она снова стала высчитывать достоинства Гинтовта.

Солнце добралось до окошка и ударило в комнату, залив её своими лучами. Комната была большая и светлая; обстановка далеко не соответствовала её барскому виду. По стенам друг против друга стояли три кровати. У одной стены — Татьяны; у другой — матери и сестры Лидии. В простенке между окон был устроен из простого соснового стола туалет с претензией на изящество. Он был отделан дешёвыми кружевами, атласными бантиками и заставлен дешёвыми фарфоровыми безделушками, странно перемешанными с действительно изящными и дорогими вещами.

Остальную мебель составляли чёрные крашенные два гардероба и комод, белый цинковый умывальник и десяток старомодных стульев, под красное дерево с плетёным квадратным сиденьем.

Словом, ни комната, ни её обитательницы не подходили к обстановке: Серафиму Герасимовну какая-нибудь старая приживалка непременно бы назвала "матушкой-княгинюшкой" и подошла бы к ручке. Татьяна же являла все признаки чистейшей аристократической породы.

Маленькая, стройная, изящная, она была словно выточенная. Тонкие черты её лица, при какой-то прозрачной бледности кожи, поражали своей правильностью. Красивые руки, стройная нога и пышные волосы дополняли её красоту, а большие изсиня серые глаза, то бойкие, вызывающие, то мечтательные, грустные, невольно останавливали на себе внимание всякого.

Недаром поэт Хвостов, гимназист шестого класса, ухаживал за Лидией и увидев Татьяну, сразу воспылал к ней безнадёжной страстью, прозвал её ундиной и стал слагать стихи исключительно в честь её красоты.

Татьяна сидела молча, нервно и торопливо пришивая пуговицу к лифу. Серафима Герасимовна продолжала восхвалять Гинтовта и, время от времени, делала паузы, как бы вызывая на разговор дочь.

Та, наконец, не выдержала. Она окончила шить и резким движением оторвала нитку.

— Мамочка, Бога ради! — воскликнула она с тоскою: — неужели же не довольно, что я даю целовать ему свои руки? Ведь вам нужны деньги, берите у него! Я ведь хожу к нему всегда, когда вы просите!

Серафима Герасимовна не ожидала такого ответа. Она откинулась к спинке стула и, видимо, не находила сразу слов. В это время дверь с грохотом распахнулась, и в комнату ворвалась Лидия. Это была стройная, хорошенькая девочка, лет четырнадцати.

— Шахов пришёл! — сказала она: — всегда первый!

— Что ты? — накинулась на него Серафима Герасимовна: — ведь он услышит!

— А пусть!

— Дура! — резко сказала мать и, тяжело поднявшись со стула, пошла из комнаты.

Татьяна застегнула лиф и оглядывалась перед зеркалом. Синяя суконная амазонка изящно облегала её стройную фигуру.

Она невольно улыбнулась, смотря на своё отражение в зеркале. Ей вдруг пришла мысль, что Бегишев пригласил их всех к себе, может быть, по её желанию, и ей стало ещё веселее.

Лидия стояла посередине комнаты, оглядывая сестру, и невольно позавидовала ей:

— Счастливая! — сказала она.

Татьяна быстро обернулась и с улыбкой спросила:

— Это чем?

— Вот верхом поедешь; Адов тебе лошадь приведёт!

— Ну?

— За тобой все ухаживают, тебя все любят...

Татьяна засмеялась. Ей становилось всё веселее.

— Мне тебе завидовать! — сказала она: — из-за тебя вон из гимназии чуть не дуэли!

Лидия не могла сдержать улыбки, вспомнила про Павлова, который вчера провожал её из гимназии, и радостно засмеялась.

Она бросилась на шею Татьяны и стала целовать её.

— Милая ты моя, хорошая, красавица! — бормотала она.

Татьяне давно не было так весело.

— Прости, прости! — закричала она и, вырвавшись от неё, со смехом выбежала в залу.

Она вбежала в комнату, держа в левой руке длинный трен амазонки, и остановилась, перейдя порог, такая светлая и радостная, что при её входе, казалось, в комнату ворвался солнечный луч.

Но если она и осветила комнату, то всё-таки её радостного вида было недостаточно, чтобы заставить хоть улыбнуться бледное лицо с чёрными, горящими глазами поднявшегося ей навстречу человека. Высокий, широкоплечий, с чёрными, как смоль, волосами на голове и такою же чёрною, густою бородою, с плотно сдвинутыми бровями над горбатым носом, в наглухо застёгнутом чёрном сюртуке, — он производил собою тяжёлое, неприятное впечатление.

Это был учитель истории в местной гимназии — Глеб Степанович Шахов.

Татьяна весело поздоровалась с ним.

— Что вы такой хмурый? — спросила она.

— Я зашёл, — вместо ответа сказал он, — посмотреть на вас и потом уйти.

Татьяна поморщилась при этой фразе. Серафима Герасимовна лукаво подмигнула и сказала:

— Кто б мог подумать, что Глеб Степанович так говорить умеет!

— Я говорю так только с Татьяной Антоновной, — серьёзно ответил он.

— Что мне всегда неприятно, — резко сказала Татьяна и спросила: — а что же, к Бегишеву вы не поедете с нами?

Шахов нахмурился ещё сильнее.

— Не поеду!

— Почему это?

— Я опять захандрил.

— Значит, пойдёте в свою камору и будете целую неделю грызть ногти?

— Пойду в свою камору и буду грызть ногти, — повторил Шахов.

Такой разговор не соответствовал праздничному настроению Татьяны; он начинал тяготить её. Словно одолевая тяжёлую дремоту, она быстро встала и проговорила:

— Господи, я ещё сегодня папочки не видела! вот дрянцо-то какая!

Она торопливо пошла к дверям налево, по дороге сказав шутливо Шахову:

— А вам приятного аппетита!

Шахов откинулся на спинку кресла и погрузился в мрачную задумчивость. Серафима Герасимовна сидела напротив него, не находя, чем занять его, и думала: "Вот неприятный человек, а нужный; Коля в будущем году оканчивает. В злости может ещё напакостить".

Татьяна вошла в столовую. Там, у крайнего окошка, за

17

маленьким столиком, сидел её отец, отставной надворный советник Антон Петрович Вишняков. Маленький, сморщенный, седой, как лунь, с добрыми голубыми глазами и тихой улыбкой, он сидел, прилежно вклеивая в огромную, толстую книгу старые, штемпелёванные марки. Подле него на подоконнике стояли две тарелки с водою, в которых отмачивались марки от конвертной бумаги; тут же, аккуратно разложенные на листе протечной бумаги, лежали отклеенные марки.

— Здравствуй, папочка! — сказала Татьяна, тихо подходя к нему и целуя его в голову.

Старик поднял лицо и, увидев дочь, ласково улыбнулся.

— Это ты, Танюшка! здравствуй, деточка!

Его лицо оживилось, и он спросил её:

— Знаешь, сколько уже?

— Сколько?

— Третья тысяча пошла! — с торжеством сказал старичок. — Третья! — повторил он.

— Ай, как много! — с улыбкой сказала Татьяна Антоновна.

— Да! Ничего, Таня! о н а смеётся, — старичок понизил голос до шёпота: — пускай! А я знаю, что делаю! я наберу их десять, двадцать, сто тысяч! я вам капитал оставлю!

— Милый ты наш, — сказала, обнимая его голову, Татьяна: — всегда-то ты о нас думаешь! — и её глаза засветились бесконечной нежностью.

О, всегда, всегда! Как она помнит себя, на первом плане всегда был её отец, суетливый, горячий — теперь вдруг притихший...

В передней раздался сильный звонок. Через несколько минут в зале послышались звон шпор и оживлённые голоса.

— Танюша! — раздался нежный, слащавый голос матери, — Павел Сергеевич и Адов пришли!

Татьяна вздрогнула. О, как её возмущал всегда этот слащавый голос!

Она крепко поцеловала в лоб отца и, подобрав трен амазонки, снова вошла в гостиную.

Ей навстречу поднялись двое военных. Первый в полковничьих погонах, невысокий, плотный, с лёгкой проседью, нафабренными усами и масляными глазками, Павел Сергеевич Морозов, подошёл к Татьяне, щёлкнул шпорами и с какой-то жадностью приник губами к её руке.

— Как себя чувствуете, Таня Антоновна? — спросил он фамильярно-дружеским тоном.

— Превосходно! — холодно ответила Татьяна, стараясь незаметно вытереть свою руку.

— Честь имею кланяться, божественная! — подскочил к ней второй военный — Фёдор Матвеевич Адов.

Он был только поручик; длинный, тонкий с жидкими волосами цвета свежей мочалы с жалкой растительностью на усах и бороде, он тем не менее считал себя не лишённым красоты. Это было видно и по его наглому, желтоватому лицу, и по его манерам, и, наконец, по его сюртуку, который был сшит длинным до колена с красною подкладкою.

— Я вам и лошадку привёл, отличную, кабардинца! — заявил он.

Лицо Татьяны оживилось.

— Вот спасибо! Значит, мы верхом?

— И Павел Сергеевич на лошади!

Павел Сергеевич улыбнулся и лихо покрутил свой ус.

— Ах, как это мило! — воскликнула Серафима Герасимовна, закатывая глаза: — какие они обязательные!

Шахов, всё время сидевший молча, резко встал со стула.

— Вы уже уходите?

— Ухожу, Серафима Герасимовна! — холодно ответил он и стал прощаться.

Адов сел подле Татьяны и стал говорить ей вполголоса о своём счастье ехать с нею. Татьяна молчала и думала, что она увидит Бегишева, что он для неё устроил это приглашение, что он хороший, лучше их всех. При этой мысли она оглянулась. Шахов подошёл к ней проститься.

"Нет, и он хороший", — подумала она: — "только странный, я боюсь его".

Она ласково протянула ему руку и, смеясь, спросила:

— Так ногти грызть?

— Ногти грызть, — как-то торопливо, сухо ответил Шахов. "Что с ним?" — подумала Татьяна.

— Кого же мы ждём? — спросил Адов.

— Сигизмунда Феликсовича, он тоже с нами, — ответила Серафима Герасимовна.

— Но он ведь, вероятно, с вами поедет?

Серафима Герасимовна погрозила пальцем.

— О, хитрец, ему хочется поскорее наедине остаться. Так нет же! Павел Сергеевич, вы смотрите за ним!

Морозов наклонил голову.

— А где Николай? — спросил он.

— Он пошёл за коляской и за Гинт...

Серафима Герасимовна не успела окончить.

Чуть не сбив выходившего Шахова, Николай влетел в комнату с таким бледным и перепуганным лицом, что Серафима Герасимовна невольно воскликнула:

— Коля, что случилось?

— Гинтовт у-бит! — крикнул он дрожащим голосом, радостно волнуясь, что ему первому выпало на долю поразить всех этой новостью.

В первое мгновение в комнате воцарилось молчание.

Серафима Герасимовна вскрикнула и откинулась на диван. Татьяна вдруг выпрямилась, словно от толчка, и, побледнев, приложила руки к груди. Шахов остановился у двери, как вкопанный, а Морозов и Адов как-то съёжились и замерли.

— Убийца найден? — спросил наконец Шахов.

— Где убит, как, когда?

— Кто открыл убийство, где найден?

— Бедный, добрый! — воскликнула со стоном Серафима Герасимовна: — как могла подняться рука на такого удивительного человека? Его ограбили? — спросила она жадно.

Николай опустился на стул и замахал руками.

— Ах, я ничего не знаю! — ответил он, заражаясь общим волнением: — я заехал вести его, а у него полиция, делают обыск, увели прислугу. Я спросил. Говорят, убили. Там, подле "Моя радость", его нашли в канаве... мужик какой-то!

— Вы говорите, его убил мужик?

— Ах, нет! Нашёл мужик.

— Нашёл! — повторил Шахов и медленно вышел из комнаты.

Больше всего волновалась Серафима Герасимовна. Она плакала, билась на диване и взывала к небу. Морозов бросился утешать нё. Выбежавшая на плач матери Лидия побледнела и тоже заплакала.

— Едем! — вдруг решительно сказала Татьяна, поднимаясь со стула.

— Куда? — растерянно спросил Адов.

— К Бегишеву!

Адов удивлённо взглянул на неё, но молча встал и медленно пошёл вслед за нею.

— Скажите, вы всё знаете, — вдруг обратилась Серафима Герасимовна к Морозову, едва те вышли: — куда денутся все его векселя, они имеют силу?

— Полную, — ответил Морозов: — они перейдут к наследникам.

— У него нет наследников.

— Тогда — в казну.

— И казна взыщет?

— За казной ничего не пропадает.

— О, я несчастная! — снова начала стонать и плакать Серафима Герасимовна: — надо мной вечно тяготеет какое-то проклятие!..

Между тем Татьяна, выйдя из дома, быстро вскочила в седло и хлестнула лошадь; Адов едва мог поспеть за нею.

Но едва они доскакали до заведения "Моя радость", как Татьяна остановила коня.

— Я не могу ехать, — сказала она: — домой!

Она опять ударила по лошади, и Адов опять едва мог поспеть за нею.

"Вот шальная", — думал он злобно, тщетно стараясь выровняться с нею.

V

Татьяну, действительно, можно было назвать шальной. Она была крайне неровного характера.

Впрочем, в такой семье, как Вишняковых, впечатлительной Татьяне и трудно было сделаться иною.

Антон Петрович, глава семейства, уже восьмой год находился в состоянии невменяемости. Тихий, кроткий, он ни во что не вмешивался, исключительно отдавшись занятию собирания марок. Видимую любовь он проявлял только к Татьяне, с которой не уставал говорить по целым часам, вспоминая старые годы. Он когда-то был лихим кавалеристом. Серафима Герасимовна, бедная девушка хорошей дворянской фамилии, приглянулась ему, и он женился на ней.

Страстная, необузданная, с широкими замашками, Серафима Герасимовна вся отдалась свету. Небольшое состояние мужа истаяло в три года. Некрасивая история, в которой фигурировало имя жены, заставила Вишнякова оставить полк. Он перешёл на службу к одному губернатору и перевёз семью в провинцию.

Здесь жизнь его не сложилась лучше. В квартире Вишнякова вечно теснилась холостая молодёжь — и сам Вишняков махнул, наконец, на всё рукою и посвятил всё своё время детям. Тут-то и сдружилась Татьяна с отцом.

Время шло, отец устал и вышел в отставку, устала и мать, а жить по-прежнему напоказ являлось необходимостью, потому что подросла дочь. И тут начались Татьянины муки. Мать сумела извлекать из неё пользу для себя. Привлекая к себе и молодых, и старых, она, не стесняясь, занимала у них различные суммы денег, едва подмечала увлеченье их Татьяной.

Гинтовт давал деньги только тогда, когда Татьяна сама приходила за ними. Морозов, имевший прежде какие-то шашни с Серафимой Герасимовной, за ссужаемые деньги приобретал право полной фамильярности с Татьяной, и так все, кто хотя слегка был знаком с Серафимой Герасимовной.

22

В этой семье выросла *Лидия*, 14-летняя девочка с задатками кокотки; *Николай*, после шестнадцатилетнего учения, наконец, оканчивающий гимназию, совершенный фат и наглец, и *Татьяна*, как какой-то удивительный выродок, прямая, но зато изломанная, нервная, шальная, потому что никто не мог ручаться даже на минуту за её настроение.

Вернувшись домой, она прямо прошла в спальную и, быстро переодевшись, легла на постель.

Ей стало почему-то жутко при известии, что Гинтовт убит. Сперва она глупо обрадовалась, что так быстро отделалась от ненавистного ухаживателя, которого мать прочила ей в мужья. Потом ей стало досадно, что, благодаря этому случаю, испорчена поездка к Бегишеву, и ей захотелось съездить хоть одной. Когда же она подъехала к тому месту, подле которого, говорят, было совершено убийство, ей стало вдруг невыносимо тоскливо и жутко. Словно беда повисла над её головою. Она уткнулась лицом в подушку и начала плакать.

Адов остался в гостиной, где сидели теперь мать, *Николай*, *Лидия*, *Морозов* и *Хвостов*, молодой гимназист, товарищ *Николая*.

Он пришёл только что из города и оживлённо рассказывал подробности убийства.

— Труп отвезли теперь в больницу св.Якова и производят вскрытие, а следователь в своей камере чинит допросы! — окончил он рассказ.

Лидия давно уже перестала плакать и пристально глядела на *Хвостова*, стараясь обратить на себя его внимание. Он окончил рассказ и невольно взглянул на неё. *Лидия* улыбнулась, он тоже. Серафима Герасимовна улыбнулась *Хвостову* сквозь слёзы и укоризненно покачала головою.

Морозов взглянул на часы, встал и начал прощаться. Следом за ним поднялся и *Адов*.

Они вышли вместе.

— Расстроилось наше гулянье! — сказал *Морозов*.

— Да, каков случай! — воскликнул *Адов*.

Денщики, увидав выходящих офицеров, взяли лошадей в повода и пошли вслед за ними.

— Интересно бы знать, кто и почему убил Гинтовта, — задумчиво сказал Морозов.

— Да; ведь убили его не для ограбления!

— В том-то и дело!

— Вы зайдёте? — спросил Морозов, останавливаясь у дверей летнего помещения дворянского клуба.

— Нет, я домой, — ответил Адов.

Они простились. Морозов вошёл в столовую и распорядился обедом, а поручик Адов, совершенно озлобленный выходкой Татьяны, поплёлся за реку на свою холостую квартиру.

Он мечтал совсем иначе провести время, а теперь, вместо общества Татьяны, ему придётся весь день проваляться на продавленном диване или трепаться в лагерь.

Бедный Адов был во всём неудачник. При его фатоватой внешности, при его замашках, ему непременно надо было поправлять свои дела женитьбой на богатой, но ему и тут не повезло, потому что он безумно и безнадёжно влюбился в Татьяну.

Едва Морозов и Адов вышли, как Серафима Герасимовна сказала:

— Ну, детки, не взыщите! Сегодня вместо обеда у нас чай с булками.

Лидия вздрогнула при этих словах, потому что она не хотела, чтобы Хвостов знал об их бедности, а Хвостов вспыхнул от удовольствия и глубоко поклонился, потому что подобное признание его делало "своим" у Вишняковых.

Да, смерть Гинтовта подшутила и над Серафимой Герасимовной. Она возлагала большие надежды на эту поездку — большие до того, что все имеющиеся у ней рубли затратила в этот день, и теперь, когда поездка расстроилась, ей не на что было устроить даже обед. "А что завтра будет?" — с тревогою думала она, но тотчас поспешила отогнать от себя эту мысль. До завтра ещё далеко. Разве это в первый раз?

— Прикажи Марфе самовар поставить да пошли за булками, — сказала она Лидии.

Лидия грациозно вскочила и выпорхнула из комнаты. Хвостов проводил её нежным взглядом, а Серафима Герасимовна подметила этот взгляд и облегчённо вздохнула.

У этого юнца, наверное, найдётся два-три рубля, и завтрашний день обеспечен.

Лидия вбежала в комнату с перепуганным лицом.

— Мама, Грохова арестовали! — закричала она.

— За что?!

— Обыск у него делали, к следователю увели!

— Откуда ты это знаешь, кто сказал? — поднялась с дивана Серафима Герасимовна.

— Там Матрёна Сухорукова!

Все порывисто бросились в кухню. Антон Петрович, смущённый общим волнением, оставил свои марки и, запахиваясь в летнее пальто, которое он носил вместо халата, подошёл к сыну.

— Что там у вас, Николаша, а? — спросил он.

— Ах, оставь! — отмахнулся рукою сын, идя к кухне.

Старик растерянно остановился посреди столовой.

— Гинтовта сегодня убили! — снисходительно объяснил ему Хвостов.

— Где, у нас, в кухне?

— Нет, его убили в канаве подле "Моя радость".

— А, в канаве! Скажите! — равнодушно сказал Вишняков и спросил: — а вы не знаете, обед скоро подадут?

— Не знаю. А теперь пришла прачка Матрёна, у которой Грохов живёт, и говорит, что его арестовали, — продолжал словоохтливый Хвостов и прибавил от себя: — говорят, он убил!

— Ах, Боже, какой ужас! — воскликнула тут вертевшаяся Лидия: — неужели это правда?

— Говорят, — сконфуженно сказал Хвостов.

Матрёна Сухорукова, прачка по профессии, с волнением передавала последние новости. Серафима Герасимовна, тяжело дыша, не сводила с неё горящих любопытством глаз.

— Это, вернулся он под утро и лёг спать, а часов в

двенадцать, сегодня, значит, и пришёл околоточный за ним, и увёл; на следствие, говорит. И только это он ушёл, сейчас два другие и штатский — шасть к нему, то есть в комнату. И всё-то у него перерыли! Потом пошли и радуются. Штатский, уходя, у меня-то спрашивает, где он ночью был? а я, говорю, не знаю, батюшка, а что вернулся на заре, это точно. А он и говорит, что сбирался он уезжать, а я, говорю, сегодня беспременно хотел. Тут они ушли, а я к вам. Вот, матушка, присоветовали мне какого! — с укором окончила она.

— Самое разбойницкое лицо, — угрюмо заметила Марфа, громыхая трубою около самовара.

— Не виновата я в этом, милая, — сказала Вишнякова, — кто же мог человека знать. Это он, он! — прибавила она: — как ты думаешь, Николай?

— Ну, что за чушь! — рассердился Николай: — просто взяли, как у свидетеля показание снять; а вы уж, чёрт знает! — он заложил руки в карманы и презрительно передёрнул плечами.

— Он, он! — повторила Серафима Герасимовна: — он ведь поссорился с ним, он очень злой! Разве ты знаешь, что у них там было?

— А, ну вас! — грубо ответил сын.

Серафима Герасимовна осталась в кухне и продолжала допрашивать Матрёну. Но та ничего не знала больше того, что сказала. Серафима Герасимовна вздохнула и пошла поделиться новостью с Татьяной. Татьяна долго плакала и наконец заснула.

Ей снился Бегишев. Высокий, стройный, курчавою белокурой бородой, шапкою кудрявых волос на голове, он стоял перед нею, протягивая к ней руки; но на его красивом лице не было радости. Напротив, оно было печально, и голубые глаза его смотрели на неё с глубокой грустью.

— Лёша, да ты не любишь меня? — с тоскою спрашивала его Татьяна.

— Люблю, моя милая, но между нами бездна! — и он старался отвернуть своё грустное лицо от её поцелуев.

Она заплакала.

26

— Таня, Таня, — услышала она над собою голос: — проснись! знаешь, ещё новость!

— А?

Татьяна раскрыла усталые глаза. Над нею стояла мать.

— Знаешь, Таня, кто убийца? — спросила она.

Татьяна вдруг вспомнила сон, задрожала и моментально поднялась с постели.

— Кто, мама, кто?

Серафима Герасимовна даже удивилась её волнению.

— Петька Грохов! — сказала она.

— А, Грохов! — повторила Татьяна и, словно с облегчением, опустилась на постель.

Но через мгновенье она снова выпрямилась.

Грохов, этот лучший из их знакомых, жених Параши, и вдруг убийца! Этого не может быть!

— Что вы сказали, мама? — воскликнула она. — Этого не может быть! вы откуда узнали?

— Не может быть, — недовольно сказала мать: — поди спроси! Вон пришла Матрёна, говорит, что его увели.

— И что, он убил? — с ужасом спросила Татьяна.

Серафиме Герасимовне стало неловко.

— Ну, это ещё неизвестно: его повели к следователю.

— Что же вы-то сказали, что сказали?! — воскликнула с упрёком Татьяна.

Серафиме Герасимовне стало совестно.

— То и сказала! — крикнула раздражительно она, — что никто, как он, убийца! вот что! иначе и быть не может! Фанфарон, грубиян! он ведь ушёл от него, поссорился с ним!

— Мама, мама!

— То-то "мама, мама"! Ты куда это? — спросила она, видя, что Татьяна встала и начала поспешно одеваться.

— Куда? — сказала Татьяна: — к Проне! Надо предупредить её! бедная, бедная!

— А тебе-то что?

— Не говорите так, мама! — закричала истерически Татьяна.

Она вдруг подумала, что было бы с ней, если бы она узнала,

что Бегишева могут подозревать в подобном преступлении, и её охватил ужас.

А ведь он не жених её, она не знает даже, любит ли он её, потому что никогда не выказывал ей своих чувств. А Проня?

Она поспешно оделась.

— Вернёшься-то скоро? — спросила её мать.

— Ах, оставьте, оставьте меня! — чуть не плача ответила Татьяна и бросилась вон из комнаты.

Она почти бежала по улице, торопясь первою принести Рощиным грустную новость и, таким образом, ослабить впечатление.

Проня была её гимназическая любимая подруга. Когда Татьяна отдалась праздной жизни, а та принялась за тяжёлый труд учительницы, Татьяна в своей экзальтации чуть не молилась на неё. Она являлась для неё тем недостижимым идеалом, к которому всегда рвалась душа Татьяны и для достижения которого у неё не хватала силы.

Она следила за историей любви Грохова и Прони, она благословляла их и завидовала их счастью, и вдруг... этот удар.

Татьяна, почти выбившаяся из сил, раскрасневшаяся и запыхавшаяся, вбежала к Рощиным, едва кивнув по дороге их благодушной кухарке Дуне.

VI

Грохов, действительно, один из первых был вызван к следователю.

Он проснулся в весёлом настроении духа. Мысль, что завтра, об эту пору, он будет подъезжать к Петербургу, бодрила его, и он чувствовал себя как-то самостоятельнее.

Он быстро встал с постели, велел подать себе самовар и начал укладывать своё небольшое имущество в холщовый чемодан.

Это заняло у него полчаса времени. После укладки он сел

писать письма. Занятый писанием, он вдруг почувствовал, что за его спиной кто-то стоит; он оглянулся и увидел околоточного.

— Господин Грохов, если не ошибаюсь?

Грохов поднялся со стула.

— Я, что вам нужно?

— Следователь IV участка просил вас пожаловать к нему немедленно!

— Следователь? меня?, — изумился Грохов: — по какому делу?

— Не могу знать. Сейчас получили уведомление в участке; я и пришёл.

Грохов посмотрел на его лицо и увидел, что ему что-то известно.

— Неужели вы не знаете? — спросил он околоточного с волнением.

— Ничего не известно, — ответил тот бесстрастно.

— Ах, Боже мой, Боже мой! — растерянно воскликнул Грохов: — что же это такое? — Он подумал о Проне. — Я могу написать письмо? — спросил он.

— Просили придти немедленно, — твёрдо заявил околоточный.

Грохов вспыхнул.

— Это чёрт знает что такое! Говорите, как Пифия; на лице загадка! Так нельзя людей мучить! — воскликнул он.

Околоточный ничего не ответил.

— Вы что же, провожать меня будете?

— Нет, зачем же? вы потрудитесь расписаться только! — околоточный развернул свой портфель и вынул оттуда повестку от следователя с вызовом Грохова.

Грохов взглянул, и у него подкосились ноги. "По делу об убийстве Гинтовта", прочитал он.

— Когда, где убили его, кто? — с волнением спросил он.

— Не могу знать.

— Отчего вы мне сразу не сказали, по какому делу?

— Не моё дело, — усмехнулся околоточный.

Грохов торопливо, дрожащею рукой расписался в получении повестки.

— Где же живёт он?

— Вам в камеру надобно. Пожалуйте прямо в окружной суд, там спросите следователя IV участка.

Грохов взял шляпу, палку, накинул пальто и быстро вышел из комнаты. Околоточный также вышел следом за ним.

Переходя двор, Грохов встретил какого-то штатского с рыжими бакенбардами и огромным толстым носом.

Грохов быстро пошёл к окружному суду, но по мере приближения к высокому белому зданию с лепными украшениями шаг его замедлился, и какое-то тоскливое предчувствие понемногу наполнило его душу. Он едва мог пересилить своё волнение, когда входил в подъезд.

"Господи, да что ж это я?" — подумал с досадою Грохов и тотчас почувствовал, что волнение охватывает его ещё сильнее.

— Где тут камера следователя IV участка? — спросил он швейцара.

Тот указал ему в конец длинного коридора.

— Последняя дверь направо! — и Грохову послышался в его словах словно скрытый укор.

Он медленно пошёл по коридору. Шаги его гулко раздавались под тяжёлыми сводами и пугали его самого. По правую сторону коридора находились двери, оберегаемые сторожами, и на каждой из них Грохов читал по очереди: следователь I участка, VII участка, товарищ прокурора, следователь по особо важным делам и т.д.; по левую сторону, против каждой двери, тянулись длинные ясневые скамьи.

Подходя к последней двери, на которой была надпись "Камера следователя IV участка", — Грохов увидел сидящими на ясневой скамье Анфису и Василия, прислугу убитого Гинтовта.

Грохов обратился к сторожу, стоявшему у двери, и попросил доложить о нём следователю.

— Вызовут, когда надо будет! — грубо ответил сторож.

Грохов сконфуженно отошёл от него к скамье. Анфиса и

Василий как-то зловеще взглянули на него и быстро передвинулись к самому краю скамьи, очистив место для Грохова. Грохов растерянно взглянул на них, и ему стало почему-то совестно.

За дверью зазвенел звонок. Сторож быстро прошёл в комнату и так же быстро вернулся.

— Анфиса Прохорова, — сказал он, — иди!

Анфиса испуганно вскочила, как-то нервно передвинула платок на плечах и юркнула в приотворённую сторожем дверь.

Для Грохова наступили мучительные минуты ожидания. Он то сидел, то вставал, и самые глупые предположения лезли ему в голову — предположения, от которых он краснел, бледнел и начинал нервно ходить по коридору.

Через мгновение он замечал на себе пристально устремлённые взгляды сторожа и Василья, и ему казалось, что они по-своему истолковывают его волнение. Он тогда старался принять спокойный вид, усаживался на скамью, но через минуту волнение его увеличивалось, и он снова начинал бегать по коридору.

Время тянулось мучительно-долго. Наконец за дверью снова зазвенел колокольчик. Сторож снова вошёл и вышел.

— Василий Смуров, — сказал он.

Василий, молодой парень с наглым лицом, быстро встал, ухарски одёрнул пиджак и решительным шагом двинулся к двери, по дороге презрительно скосив глаза на Грохова.

От этого взгляда Грохову стало как-то жутко. "Что они думают?" — с ужасом и тоскою подумал он. Дверь отворилась, и на её пороге столкнулись Анфиса с Васильем. Они перекинулись между собою взглядами. Василий скрылся за дверью, а Анфиса, растерянно натягивая на голову платок, торопливо пошла по коридору.

Для Грохова снова потянулись мучительные минуты. Мгновеньями его вдруг охватывал такой страх пред какою-то грозящей неизвестностью, что он готов был вскочить со скамьи и броситься бежать. По коридору раздались тяжёлые шаги. К месту, где он сидел, медленно приближался господин с рыжими бакенбардами и толстым красным носом, с каким-то свёртком под мышкою. Подойдя к двери, он что-то шепнул сторожу и, медленно отойдя, опустился на скамейку. Грохов невольно встал с неё и отошёл, так показался ему этот господин, видимо, "свой" на этом месте.

За дверью снова раздался звонок. Сторож скрылся и пробыл там несколько дольше. Дверь отворилась. Из комнаты развязной походкой вышел Василий. Грохов рванулся к двери. В это время вышедший сторож остановил его, а подозрительный господин, поднявшись со скамьи, слащаво произнёс:

— Извините, молодой человек, — на одну минутку!

Грохов отшатнулся, Василий прошёл мимо него, окинув его наглым взглядом, а подозрительный господин быстро юркнул в дверь.

Грохов снова начал томиться. О, это ожидание! Мучительнее его, кажется, нет пытки.

Наконец подозрительный господин вышел из комнаты, и сторож сказал Грохову:

— Пожалуйте!

Грохов пошёл к двери, и, странная вещь, волнение его вдруг улеглось. Он почувствовал себя почти спокойным и твёрдым шагом вошёл в комнату следователя.

Прямо перед ним, за большим столом, заваленным бумагами, сидел молодой человек со злым и неприятным лицом. Большой нос загибался крючком, тонкие губы кривились насмешливой улыбкой, обнажавшей гнилые зубы, из-под густых рыжеватых бровей зло смотрели узкие серые глаза, и весь он был белый, рыжеватый, злой и плюгавый, как переодетый гном.

Вправо от него, за столом меньших размеров, сидел другой молодой человек, рыжий, лохматый, с лукаво прищуренными глазами, толстыми мясистыми губами и приплюснутым носом.

Это были следователь — Захар Васильевич Мямлин, и его письмоводитель — Ферапонт Кондратьевич Шмыгра.

Грохов, войдя, тотчас почувствовал на себе две пары

жадных, любопытных глаз и снова смутился. Он поднял глаза и встретился с пристально устремлённым на него взглядом следователя.

— Вы меня пригласили, — нервным голосом сказал Грохов, — по делу...

— Об убийстве Гинтовта, — резко перебил его следователь: — садитесь, пожалуйста.

Грохов опустился на стул. Следователь подпёр ладонью облокоченной руки голову и несколько мгновений молча рассматривал Грохова. Тому становилось всё тягостнее; наконец, он возмутился в душе, и то бледневшее, то красневшее лицо выдавало его смущение.

Наконец, следователь прервал тягостное молчание.

— Пётр Александрович? так, кажется? Так вот-с, вы давно знакомы с убитым Гинтовтом?

— Третий год!

— Вы познакомились с ним... у... у... — следователь стал переворачивать листы бумаги.

— У Вишняковых, — ответил Грохов.

— Ах, да! и потом вы у него служили? так?

— Да, с августа прошлого года я был у него в качестве секретаря, за 50 рублей в месяц.

— Он ведь, кажется, не был общественным деятелем?

— Нет!

— У него была обширная переписка?

— Нет!

— Что вы у него делали? Или он просто протежировал вам?

Грохов вспыхнул.

— Я у него получал деньги за работу!

Следователь торжествующе улыбнулся и взглянул на письмоводителя. Тот кивнул головою и ответил улыбкою.

О, Мямлин знал своё дело, несмотря на свою молодость! Его излюбленным приёмом было раздражить допрашиваемого, и тогда он успевал всё выведать, ловя его на словах:

— Так-с! что же у него была за работа?

— Он писал свои мемуары, собирал дневник, диктовал! наконец, зачем это?

— Я, видите ли, хотел узнать, на какой почве у вас могло недавно произойти крупное столкновение с ним, окончившееся ссорой? — медленно и резко проговорил Мямлин.

Грохов густо покраснел. Неужели он должен будет передать всю грязь этой сцены?

— Мне не понравилось его отношение к некоторым предметам.

— Он обременял работою? не платил исправно?

— Нет! он относился с насмешкой к некоторым дорогим мне особам, — сдержанно ответил Грохов.

— И вы его хотели бить?

— Да, я в запальчивости замахнулся на него.

— И угрожали убить, как собаку?

Грохов вздрогнул. Вот оно, то подлое, чего так боялся он.

— Очень может быть, я так и выразился.

— Это н а в е р н о е, — словно про себя, сказал следователь и вернулся к прежней теме: — он, кажется, любил скоромненькие анекдоты?

— Любил.

— Может, он облюбовал даму вашего сердца?

Грохов вспыхнул.

— Я не буду отвечать на такие вопросы и, вообще, я не могу рассказать нашу ссору. Достаточно, что я бросился на него, он позвал лакея; я ушёл от него и больше его не видел!

— И больше его не видели? — переспросил лукаво следователь.

— Не видел!

— Не можете ли сказать мне, как вы провели эту ночь? т.е. где были? что видели, кого?

— Я был дома до 7 часов вечера, потом пошёл к одни знакомым пить чай...

— Это к кому же?

— К Рощиным, мать и дочь, но это к делу не относится...

34

— Очень даже. Продолжайте!

— Потом, — Грохов замялся: — потом я пошёл с дочерью, Прасковьей Андреевной, гулять...

— Гулять? И долго выгуляли?

— Часов до одиннадцати...

— Потом?

Грохов вдруг почувствовал, что сейчас начнётся опять "подлое" и что почва словно ускользает из-под его ног.

— Потом... потом я её проводил, а сам пошёл гулять...

— Опять гулять! Одни, ночью? Где же вы гуляли?

— Один, ночью, — волнуясь, ответил Грохов: — я был на реке, у железного моста.

— И долго гуляли?

— Почти до свету.

— Гм... почти до свету! Вас никто не видал?

— Никто!

Следователь лукаво улыбнулся.

— Я бы на вашем месте подумал! а? может быть, вы гуляли дольше... с Прасковьей... с Рощиной? может быть, вы и до свету...

Грохов не выдержал.

— Не смейте так говорить! Я о д и н гулял, слышите вы это! — проговорил он дрожащим от волнения голосом.

— Не хотите ли воды?..

Грохов, измученный, опустился на стул. Он был бледен. Шмыгра подал ему стакан с водою.

Грохов сделал несколько глотков, и его зубы стучали о край стакана.

— Скажите, пожалуйста, вы сегодня хотели уехать? — спросил следователь.

— Да, с вечерним поездом.

— Куда?

— В Петербург.

— Учиться?

— Нет, искать место. Там у меня приятель.

— Гм... и когда вы решили свою поездку?

— Три дня назад, как ушёл от Гинтовта.

— Гм... поссорились с Гинтовтом, решили уехать, — как бы про себя сказал следователь: — потом пошли к Рощиным, гуляли до свету, а утром стали укладываться... У вас много вещей? имущества, которое вы везти с собой хотели?

— Один всего чемодан.

— Зачем же вы с утра стали укладываться?

— Я хотел уже с чемоданом идти к знакомым и от них ехать.

— Так! отлично!

Мямлин как будто бы задумался и потом вдруг спросил, словно о пустяках:

— Ах, да! не можете ли вы припомнить, в каком платье вы вчера были?

Грохов побледнел. Он вдруг понял, что попал в заколдованный круг, что то, что он смутно предчувствовал, ближе и ближе подвигается к нему, как страшная действительность.

— Я вчера был в коломенковом пиджаке.

— В этом? — следователь вдруг поднял над столом его вчерашний пиджак и рубашку.

Грохов кивнул головою и почувствовал на своём лице капли холодного пота.

В эту минуту перед ним мелькнула отвратительная физиономия с красным носом и рыжими бакенбардами, и он вспомнил, что встретил её, идя сюда.

— В этом? Не можете ли вы сказать, откуда на нём эти странные пятна? — следователь повернул к Грохову запачканный рукав.

Грохов встрепенулся. Он заговорил дрожащим, стонущим голосом, и ему казалось, что он боится за свою жизнь.

— Я, гуляя, встретил пьяного... Да, когда один гулял... не перебивайте меня! Он, может, был и трезвый; я не знаю: было темно. Он схватил меня за плечо, требовал денег, он говорил — на ночлег, но зачем он тряс меня за плечо? Я размахнулся и ударил... да, как вы показываете, наотмашь. Он закричал и оставил меня. Я пришёл домой: у меня кровь, и на рубашке кровь... Вы не верите?! — почти вскрикнул он.

После его крика наступила словно гробовая тишина. Он обвёл мутным взором комнату. Письмоводитель уткнулся в бумагу носом и быстро писал. Следователь в кпор смотрел на Грохова, и наглая, насмешливая улыбка кривила его губы.

— Вы не верите? — упавшим голосом повторил Грохов: — но, клянусь Богом, это было всё так!

Во время речи он встал, сделал к столу два шага, потом сел снова и замолчал с безнадёжною тоскою.

Сотни молотков били в его голову, сердце стучало громким стуком, какой-то клуб мыслей свивался и развивался в его мозгу, причём он не могу уловить ни одной связной идеи; а гробовая тишина по-прежнему царила в комнате; следователь по-прежнему смотрел на него в упор, и на губах его по-прежнему мелькала наглая усмешка.

— Клянусь всем святым, я не виновен! — пролепетал Грохов.

— В чём? — с удивлением спросил следователь.

Этот вопрос срезал Грохова. Из его глаз брызнули слёзы.

— В убийстве, — прошептал он.

— И всё-таки, господин Грохов, — холодно отчеканил следователь, ударяя в бронзовый звонок: — я должен подвергнуть вас предварительному аресту.

Грохов опустил голову. Его сразу оставили силы.

В комнату вошёл сторож.

— Приготовили? — спросил следователь.

— Так точно!

Письмоводитель подал Мямлину уже подписанный приказ об аресте. Он подписал его.

— Проводите господина Грохова, — сказал он сторожу: — а это передайте в канцелярию прокурора! — подал он приказ сторожу.

— Пожалуйте, барин! — принимая суровый тон, сказал Грохову сторож.

Грохов встал...

— А, каков молодчик? — сказал, ухмыляясь, следователь, когда Грохов вышел.

— Всё рассчитал, хитрый! На как вы его допекли! сам сознался! — воскликнул Шмыгра.

— Да! тут, очевидно, ревность!

— Не виновен, говорит! — повторил Шмыгра.

— Хе-хе-хе, я ещё один камешек оставил!

Лицо Шмыгры изобразило вопрос. Следователь самодовольно улыбнулся.

— Отчего он, когда раньше говорил о своей прогулке, не упомянул про встречу с пьяным? а? Очевидно, он это выдумал вдруг, тут же, когда увидел, что мы овладели пиджаком!

Лицо Шмыгры изобразило восторг и изумление.

— Тсс... — прошептал он, — голова!

VII

Авдотья Павловна Рощина потеряла терпенье.

— Я голодна, наконец, Проня! оставим ему, а сами сядем обедать. Может быть, он ещё через час придёт.

Проня вздохнула.

— Он обещался к обеду, мама, я не знаю, что с ним! он всегда аккуратный!

— Ну, мать моя, ты как хочешь! а я не могу ждать, — сказала Рощина, поднимаясь с кресла, и прошла в кухню.

Проня была как на иголках. Грохов обещался придти к обеду, значит — в три часа, а вот уже четыре, а его всё нет. Она сперва поминутно подходила к окошку и смотрела в него, наконец, села у окна и стала глядеть в него, не сводя глаз. Её хорошенькое личико затуманилось. Она смотрела и думала, что могло задержать его? а потом стала думать, как будет ей тяжело, когда он вовсе уедет. На глазах её показались слёзы.

В комнату вошла Дуня и поставила на стол миску; за нею вошла и сама Рощина.

— Ну, садись! — сказала она дочери.

— Я не хочу, мама!

— Глупости, садись! мы ему оставим. Он придёт, станет есть и рассказывать, что его задержало. Ты плачешь, глупенькая? — воскликнула она с тревогой.

— Это так! — сконфуженно улыбаясь, сказала Груня и торопливо перешла к столу: — мне что-то грустно!

— Если ты так беспокоишься, напиши записку. Дуняша поставит самовар и снесёт ему.

Лицо Прони оживилось. Она быстро встала и прошла в спальню.

— И то, мама, я напишу ему, побраню его!

— Выругай его хорошенько.

Проня села к столику и торопливо написала:

"Милый, я соскучилась! иди скорее. Ведь это последний день".

Она написала эту фразу, и ей снова стало грустно.

— Ну, теперь ешь! — сказала мать, но Проня не могла есть.

— Как только поставишь самовар, сейчас и беги, — говорила она Дуне: — если он не может идти сейчас, пусть записку даст!

— Господи, какая ты несносная! — воскликнула шутливо Рощина: — сядь хоть к столу: дай мне пообедать!

Проня села. Дуня переменила блюдо и пошла ставить самовар.

В сенях послышался шум и торопливые шаги. Проня радостно встала и вдруг изумлённо остановилась.

— Таня! — воскликнула она.

Рощина быстро обернулась.

— Танюша, что с вами? — спросила она в свою очередь.

Лицо Тани разгорелось от быстрой ходьбы. Она тяжело дышала и была взволнована, но, несмотря на это, при виде изумления Прони невольно улыбнулась.

— Я! чего тут удивительного?

— Да ведь вы все у Бегишева нынче!

Таня махнула рукою и устало опустилась в кресло.

— Ах, все расстроились! Вы знаете, Гинтовт убит!

Мать и дочь побледнели и вздрогнули. Проне вдруг сделалось страшно.

— Когда, где? — воскликнула Рощина.

— Я его вчера видала, — прошептала Проня.

Их волнение передалось и Татьяне.

— Да, да, убит! — заговорила она оживлённо: — его нашли в канаве с разбитой головой, подле сада "Моя радость"! убит! И вот я к вам бежала, торопилась: ты, Проня, не волнуйся! это пустяки, это я так, по глупости, — спуталась она.

Проня в один миг очутилась подле неё и, схватив её руки, стала исступлённо выкрикивать:

— Что, что? да говори же! о, Господи!

— Проня, чего ты, успокойся, — взволнованно заговорила Авдотья Павловна: — что такое, Танюша, говорите скорее, говорите сразу! ну?

Татьяна совершенно смутилась. Она теперь готова была плакать в досаде на свою какую-то сумасшедшую поспешность.

— Ах, да ничего! уверяю вас, — заговорила она, чуть не плача: — это я сдуру, как всегда! Просто Петра Александровича позвали к следователю...

— Арестовали?! — вскрикнула Проня.

Она побелела, как мел, глаза её расширились, и она дрожала в ознобе. Авдотья Павловна подошла к ней и обняла её.

— Ах, да нет же! вот я и дура! — воскликнула Татьяна, заламывая руки: — я просто хотела тебя предупредить, успокоить! его так позвали!...

— Для показаний, — сказала Авдотья Павловна, и голос её невольно дрогнул.

— Но ведь он не виновен! он не мог убить! — простонала Проня.

Татьяна вскочила с кресла и забегала по комнате.

— Ах, я дура, дура! кто же тебе говорит про его виновность. Его так взяли, просто, понимаешь, для следствия!

— Боже, Боже! — вскрикнула снова Проня и бросилась в кухню.

Она схватила за плечи Дуню и стала трясти её.

— Сейчас! сейчас! — кричала она: — беги и узнай: дома он или нет. Может, там знают! О, Господи! да иди же! — с отчаяньем крикнула она, видя, что Дуня стоит неподвижно.

Рощина поспешно объяснила ей, что надо, и Дуня, накинув платок, выбежала из кухни.

Проня не могла сидеть. Её охватил словно горячечный пароксизм. Она бегала по комнате, подходила каждую минуту к окошку, выбегала в сени и, заламывая руки, вскрикивала:

— Боже, Боже! ведь это нелепо!

Её волоса растрепались и длинными прядями повисли на лицо. Татьяне становилось страшно; она схватывала руки Прони, целовала её, как и она, металась по комнате и бессвязно бормотала:

— Это я, я, дура, наделала! Проня, успокойся! Господи!

Авдотья Павловна не знала, что делать. Рассудок подсказывал ей оставаться хладнокровной, и она начинала успокаивать обеих, но через мгновение их волнение передавалось и ей, и она начинала взволнованно кричать на них, ругая их сумасшедшими и в то же время безотчётно подчиняясь чувству страха за Грохова при мысли, что его заподозрили.

— Ну что? придёт? вернулся? — осыпала Проня вопросами Дуню, когда та, запыхавшаяся, вошла в сени.

— Ничего не придёт, — ответила та: — с утра, этто, пришли за ним, он ушёл, и нет его.

— Господи, что же это? — воскликнула изумлённо Татьяна.

— Мама, его арестовали! — сказала Проня.

Авдотья Павловна побледнела.

— Глупости, этого не может быть, — сказала она упавшим голосом.

— Матрёна сказывает, — заговорила снова Дуня: — как, этто, он ушёл, сейчас пришли к нему чиновники и всё как есть перерыли.

— Ну да, да! — вдруг снова взволновалась Проня: — его подозревают, его арестовали!

Татьяна быстро подбежала к Проне.

— Проня, пойдём! — заговорила она торопливо: — идём, узнаем! — она схватила её за руку.

— Ах, идём, идём! — ничего не понимая, ответила Проня и бросилась в свою комнату одеваться.

— Постойте, куда вы пойдёте? — заговорила Авдотья Павловна: — вам ничего не скажут, где вы и что узнаете?

— Ах, я знаю, знаю! — взволнованно заговорила Татьяна: — у Страусовой есть знакомый Шмыгра, он служит у следователя, он для меня узнает. Проня, скоро? — крикнула она.

Проня вышла в кофточке и шляпе.

— Идём же! — заторопила её Татьяна: — мы сперва к Надежде Гавриловне, она скажет, где живёт Шмыгра, а потом — к нему. Скорей же.

Не прощаясь с Авдотьей Павловной, они выбежали из квартиры. Татьяна волновалась сильнее Прони. На ту, напротив, напало какое-то оцепенение. Мысль, что его заподозрили, давила её как тяжёлым камнем.

Девица Страусова, со своею подругою Хрюминой, жила недалеко от Рощиных. Они нанимали хорошенький флигель из четырёх комнат, в которых и помещались со старою служанкою, тоже девою, Грунькой и жильцом.

— Барышни спят, спят барышни, — заговорила каким-то испуганным шёпотом Грунька, когда в сени вошли Татьяна и Проня.

— Может, ты знаешь, где живёт Шмыгра, тогда не буди их, а скажи только его адрес! — сказала нетерпеливо Татьяна.

— Знаю, как же не знать-то, это с гитарой? живёт он, милые мои, в Мелочном проулочке, в доме Казявина, серенький флигелёчек во дворе, там и живёт, — прошептала она, таинственно качая головою.

Татьяна с Пронею быстро повернулись и вышли из сеней. Грунька долго смотрела из дверей им вслед, потом затворила дверь, многозначительно подняла кверху брови и осторожно, на цыпочках пробралась в кухню.

Грунька была толстая, короткая девка, со стриженой

42

головой, курносым носом и изумлённо-глупыми глазами. С двенадцати лет она поступила в услужение к старым девам, Страусовой и Хрюминой, и успела у них состариться, прослужив без малого 35 лет. За это продолжительное время она приобрела ненасытную жажду новостей и плавные движения, исполненные какой-то таинственностью, идиотский взгляд, выражающий изумление, и какой-то странный, зловещий шёпот.

Она пришла в кухню, присела к столу и сгорая желанием скорее разбудить своих барышень и рассказать им о странном поведении "гордянки", как звали они Татьяну.

Но барышни спали, оглашая унылую тишину дома громовым храпом, и Грунька, протомившись с четверть часа, клюнула носом, потом сложила на столе руки, положила на них стриженую голову и тотчас же захрапела в тон своим барышням.

VIII

Шмыгра ещё потягивался в своей постели после обеденного сна. За ситцевой занавеской, отгораживающей его спальную от гостиной, было темно. Он потягивался и сладко зевал, слыша, как его мать возится в кухне за самоваром.

Через десять минут она ему крикнет: Ферапонт, вставай! — он встанет, распахнёт занавеску и очутится в гостиной. Они мирно напьются чайку, а потом он раскроет окошко, сядет подле с гитарой и станет вплоть до ночи перебирать струны и напевать вполголоса свои любимые романсы.

Шмыгра лежал и потягивался, как вдруг до слуха его донёсся стук дверей и женский взволнованный голос, произнёсший его имя. Он вскочил, как ужаленный, и свесил ноги с постели.

Послышался снова женский голос, потом голос его матери и опять незнакомый голос.

Шмыгра дрожал от непонятного волнения.

— Ферапоша! — окликнула его мать: — к тебе две какие-то девицы пришли.

Шмыгра вскочил и заметался за занавескою.

— Просите, мамаша, в гостиную пройти!

Он слышал шелест платьев, взволнованный шёпот.

Не сдерживая любопытства, он выглянул из-за занавески и замер: Татьяна Антоновна Вишнякова, своею персоною! у него!

Шмыгра отбросил дрянной пиджачок, который собирался надеть, и снял с гвоздика свой парадный сюртук.

В голове его проносились нелепые мысли. О н а, о к т о рой он в мечтаниях проводил долгие часы перед сном, о н а, которая, сама не подозревая того, зажгла палящим огнём его сердце!

"А, может, и подозревает; может, узнала, и сама... почувствовала. Захотела увидеть, познакомиться. Понятно, она девица благородного происхождения, она не может одна; и вот — взяла подругу", — мелькали у него дикие мысли и, с сияющим лицом, с сияющим глянцем дешёвого сукна на сюртуке, с низким поклоном он отпахнул занавеску и предстал пред Татьяной и Проней.

Татьяна быстро двинулась к нему.

— Вы меня не знаете? Я — Вишнякова! Мы знакомы со Страусовой и Хрюминой. Вы должны нам помочь. Вы нам очень, очень нужны! — проговорила она залпом.

Шмыгра не мог говорить и изобразил целую пантомиму.

Он откинулся и поднял руки, словно возмущённый, что его Татьяна заподозрила в незнании её; потом дико сверкнул глазами и махнул в дверь рукою, отчего дверь быстро хлопнула и скрыла собою любопытно выставившуюся голову его матери; наконец, прижал руки к сердцу и склонил голову в знак полной готовности исполнить всякую, даже наипустяшнейшую, просьбу Татьяны.

Татьяна и Проня невольно улыбнулись.

— Слышайте, — быстро заговорила Татьяна: — говорят, убили Гинтовта; об этом идёт следствие. Тут одного Грохова взяли свидетелем, и он не возвращается. Мы хотим знать, что с ним. Вы, верно, знаете.

Шмыгра отшатнулся. Он ждал всего, чего угодно, кроме этого. Но сознание, что к нему обращаются как к сведущему лицу, возвысило его в своих глазах, и он вообразил себя чуть ли не прокурором. На лице его отразилась холодная важность.

— Присядьте, пожалуйста! — проговорил он, указывая на рваное сиденье дивана, и, когда Татьяна с Пронею сели, он тоже опустился на кончик ближайшего кресла и задумчиво заговорил: — Дело об убийстве Гинтовта за № 316; знаем! мы теперь о нём производим следствие; но по закону предварительное следствие составляет тайну, так как при огласке может пострадать невинно заподозренный человек, а также, благодаря гласности, преступник может принять меры к сокрытию...

— Ах, Господи! — воскликнула Проня, вскакивая с дивана: — что он говорит? Таня, да спроси же его!

— Грохов был у вас на следствии? — спросила Татьяна.

Шмыгра несколько смутился. Он только что вошёл в тон и хотел выложить перед ними все свои знания, блеснуть красноречием, когда его так неделикатно перебили.

— По закону, — заговорил он снова: — предварительное следствие...

— Составляет тайну, — перебила его Проня: — а вы не по закону!..

Она дрожала от волнения и почти бегала по комнате.

"Что за девчонка?" — подумал возмущённый Шмыгра и, недовольный, принял вид настоящего сановника.

— Мы имеем право привлекать в качестве свидетеля всякое лицо, которое найдём необходимым по ходу следствия...

— Ну, и его позвали!

— И если мы его сочли нужным позвать, то он был позван, и мы снимали в него показания, — он говорил сухо и почти враждебно глядел на Проню.

— Слушайте, — заговорила Татьяна: — мы пришли к вам как к единственному человеку, который может помочь нам.

Скажите, что вы знаете про Грохова? — она с мольбою взглянула на Шмыгру.

Проня остановила свои нетерпеливые шаги.

Шмыгра растаял. Нет, его не обманывает сердце: о н а выдумала весь этот разговор как предлог, и, с просиявшим лицом, он заговорил уже не прежним деланным тоном:

— Грохов? это белокурый молодой человек? О, да! мы его допрашивали... и, видите ли, на основании... ну, да вам всё равно это... видите ли, мы имеем право по своему личному убеждению арестовать каждого человека...

— Арестовать! — вскрикнула не своим голосом Проня: — вы его арестовали?

Татьяна побледнела.

— Если для нас являются какие-нибудь данные для подозрений, если, например, говорят про угрозы, про ненависть, а потом находят всю рубашку в крови и пиджак...

— Таня, Таня! — с тоскою вскрикнула Проня: — что он говорит?

— Да-с, — продолжал Шмыгра, снова входя в роль сановника: — и коль скоро мы слышим очень сбивчивые показания и даже, можно сказать, нелепость относительно своего alibi, вроде бесцельного блуждания по улицам до раннего утра, то мы, принимая всё это...

— Да арестовали вы его или нет? — не выдержала наконец и Татьяна.

Шмыгра удивлённо посмотрел на неё.

— Ну да! — ответил он.

Проня подняла руки и воскликнула:

— Таня, они подозревают его!

— Это глупо, — дрожащим голосом промолвила Татьяна, поспешно поднимаясь с места.

Проня вдруг бросилась к Шмыгре.

— Если в вас есть сердце, отпустите его, — залепетала она: — клянусь, он не виновен! Ведь этого не может быть, разве он похож на убийцу!

Шмыгра отшатнулся и сконфузился. Он никак не ожидал такого оборота.

— Я... я... что же... — забормотал он смущённо: — если рубашка, и пиджак, и потом...

— Проня, оставь! пойдём! — нетерпеливо крикнула Татьяна.

Проня, словно от удара, опустила голову и покорно пошла за Татьяною.

— Благодарю вас, господин Шмыгра! — сказала Татьяна, и когда он очнулся, в комнате никого не было.

Он вытер пот, катившийся с его лица, и глубоко выдохнул.

В комнату вошла низенькая, толстенькая старушка со сморщенным в кулачок лицом и внесла самовар.

— Зачем это, Ферапоша, они к тебе приходили? по делу? — спросила она.

Шмыгра окончательно пришёл в себя.

— Мамаша! — воскликнул он: — сколько раз я вас просил не задавать мне глупых вопросов!

— Почему же глупых, Ферапоша?

— Почему, почему? есть служебные тайны, мамаша! — и он пошёл за занавеску.

— Тайны?

— Да, тайны! — крикнул он оттуда и, сняв сюртук, злобно швырнул его на постель.

Совсем не так он должен был вести себя, совершенно иначе!..

С мрачным лицом он вышел снова в комнату, принял от матери стакан с чаем и, по обыкновению, присел к окошку.

Совсем иначе! Он должен был быть предупредительным и внимательным. Изящно рассказать весь ход дела и потом ловко перевести разговор на общих знакомых.

Прихлёбывая чай, он мысленно очаровывал обеих девиц своей речью, льющейся, как быстрый ручей, он вставлял комплименты, пристёгивал стишки и упивался своим красноречием, мысленно созерцая внимательные лица увлечённых слушательниц. Он уже начинал снова твёрдо верить, что Татьяна Вишнякова пришла исключительно с целью познакомиться с ним.

— Мамаша! — вдруг произнёс он торжественно: — Бога ради, никому не рассказывайте, что они у меня были!

Старушка удивлённо посмотрела на него.

— Хорошо, не скажу, Ферапоша! — ответила она поспешно.

— Вы знаете, мамаша, — с некоторой таинственностью проговорил он: — эти девицы из такого круга, понимаете? и если узнают, что они посетили молодого холостого человека, это их может скомпрометировать в обществе. Мамаша! я должен оберегать их честь.

— Честь, Ферапоша?

— Да, мамаша. В высшем свете на этот счёт строго!

— Что же это строго-то, Ферапоша, — сказала мать: ты не один живёшь, с матерью!

Шмыгра нетерпеливо вздёрнул плечами.

— Вас просят, мамаша, об одном только: не болтать!

Он замолчал и через минуту прибавил:

— И потом, если эта высокая барышня в следующий раз одна придёт, вы, пожалуйста, уйдите из квартиры, как будто за делом!

Старушка от изумления отставила даже блюдце, с которого пила чай.

— К тебе? Одна?

— Ну да! чего же вы удивляетесь? Если хотите, я прибавлю: она без памяти меня любит!

При этих словах лицо Шмыгры засветилось блаженством. Его толстые губы растянулись в огромную улыбку, а глаза уставились в одну точку.

Старушка глубоко вздохнула и молча начала убирать посуду. В комнате стоял вечерний сумрак. Шмыгра сидел под окошком и весь отдался счастливым, фантастическим грёзам. Ему казалось, что его затаённые мечты начинают сбываться.

* * *

Татьяна едва довела Проню до дому. Проня была словно безумная. То впадая в какое-то оцепенение, она не говорила ни

48

слова, то вдруг начинала стонать и ломать руки. Мать едва уложила её в постель.

Поздно вечером Татьяна вернулась домой и прямо прошла в спальню, не заглянув даже в столовую, где шумели постоянные гости. Ей было до боли жалко и Грохова, и Проню, и всё происшедшее за день ей казалось каким-то глупым сном.

КАРТОЧНЫЙ МИР

I

Всякий черт бывает сначала только чертенком. В этом периоде он состоит как бы подручным, а вернее "в мальчишках", у настоящего черта. Тот его посылает с разными поручениями, иногда на разведки, иногда просто с запискою и только изредка доверяет сделать какую-нибудь мелкую пакость.

Спустя много времени такой службы чертенка подвергают испытанию, предоставив ему свободу действий, и тогда уже выдают ему, так сказать, аттестат зрелости с правом свободного пакостничества, зачисляют в настоящие черти и разрешают иметь, уже в свою очередь, чертенят для обучения.

Так было и с этим чертенком. Патрон заявил ему, что он готов к испытанию. Совет дал ему полугодичный отпуск с правом свободы действий, и чертенок, полный самых честолюбивых мечтаний, очутился в Петербурге, на углу Невского проспекта и Екатерининской улицы в десять часов одного зимнего вечера.

Никто из проходящих и гуляющих по ярко-освещенному проспекту и не подумал даже, что между ними трется чертенок.

Головенку с рожками покрывала хорошая мерлушковая шапка фасоном "мономах", хвост и копыта были скрыты соответствующими частями костюма.

Сверху на нем было теплое пальто с воротником "под бобер" и — маленький, юркий, с острым подбородком, крючковатым носом и руками, глубоко засунутыми в карманы пальто, — он казался шустрым коммисионером, биржевым зайцем, помощником присяжного поверенного, вообще "бойким дельцом", но никак не чертенком.

Впрочем в их существование у нас не принято верить, а

потому, ему в отношении своего инкогнито, совершенно нечего было беспокоиться.

Он медленно огляделся и пошел неторопливой походкой, присматриваясь к людям и думая свои думы.

II

Временно совратить человека с пути это не штука! Сущие пустяки. Вон стоит девушка у витрины ювелирного магазина и ее глазки горят, как сверкающие за стеклом витрины камни.

Подобрать тут же в толпе жирного мартовского кота, свести их подле этого окошка и — дело сделано: девчонка погибла...

Вон солидный господин жадно разглядывает билеты и акции в окне меняльной лавочки. Подбить его на грабеж — пустое дело... Вон идет франт в шинели, которого в два дня можно убедить обворовать старуху тетку а то и притюкнуть ее... А что толку в этом? Так... Мелкая пакость...

Потом и девчонка, и ограбивший менялу, и убивший тетку будут раскаиваться, проливать слезы и сваливать все на него, чертенка.

А там еще, чего доброго, и опять станут добродетельными...

Нет! Этим не отличишься.

Надо так увлечь человека, чтобы он, ослепленный пошел от своего пути круче и круче в сторону; чтобы он пакостился день за днем, час за часом, неизменно, последовательно, и — опомнившись — все-таки не пришел бы в себя и потерял бы навек прямую дорогу.

Вот это дело! За это похвалят...

Размышляя в этом направлении чертенок поднял свои воровские глаза и вдруг, озаренный вдохновеньем, быстро направился к двум мужчинам, входившим в CafИ de Paris, что под Пассажем.

Они вошли, заняли столик, потребовали кофе и стали продолжать прерванный разговор, а чертенок сел за столиком подле них и, спросив стакан морса, стал вслушиваться в их беседу.

III

Вошедшие в кафе были совсем разные люди, хотя и говорили друг другу "ты". Когда-то они вместе учились, но потом судьба кинула их в разные стороны, занялись они различной деятельностью и теперь — кроме возраста да воспоминаний о гимназии — между ними не было ничего общего.

Один — Василий Петрович Кострыгин — высокий, плотный господин в лощеном цилиндре, в хорошем пальто с воротником и выпушкою из шаншилы, производил впечатление бойкого дельца. Румяное, красивое лицо его с тщательно расчесанною рыжею бородою дышало самодовольством; серые глаза за стеклами массивного золотого пенснэ глядели вызывающе нагло.

Другой — Федор Павлович Виталин — в барашковой шапке, в потертом пальто с барашковым воротником, казался перед товарищем совсем бедняком, но бледное лицо его с маленькой бородкой, с задумчивыми карими глазами дышало мыслию и озарялось внутренним светом.

Развязные манеры и громкий голос Кострыгина видимо смущали его.

Этот Кострыгин был деятельным членом одного акционерного предприятия, имел всегда деньги, легко добытые комиссионерством или иным необременительным трудом и вел сытую беспутную жизнь холостого жуира.

Другой — талантливый художник, мечтатель. У него были жена и дети и его мечты и планы часто меркли в заботах о насущном дне.

И теперь: в то время, как его бывший товарищ по гимназии беспечно отдавался безделью с бумажником, полным денег — он, имея в кармане всего 12 рублей, думал о необходимости отвратить завтрашний приход судебного пристава в полном сознании своего бессилия.

А рядом с этими тяжелыми думами в его уме запечатлевались образы и краски.

Усатое лицо с загнутым носом склонилось над столиком к хорошенькому свежему личику девушки и та в смущении смеется и опускает глаза...

Лицо уличной вакханки в шляпе с огромными полями, с вызывающим наглым взглядом...

И в комнатах, наполненных волнами табачного синеватого дыма при ярком освещении электрических фонарей все эти лица и фигуры, и краски, как-то расплывались и принимали образы чего-то фантастического, неживого.

Он отмечал в уме позы, выражения лиц, краски, освещенье и его лицо принимало вдохновенно-мечтательное выражение, — но следом за этим набегали мысли о завтрашнем утре и лицо его тотчас меркло, как меркнет ясный день с закатом солнца.

Чертенок не спускал с него хищного взора и радостная улыбка кривила его тонкие губы, обнажая мелкие, острые, как у щуки, зубы.

— Нет, дорогой мой, — говорил Кострыгин художнику густым, сочным басом: — картинками да рисунками не разбогатеешь. Надо Репиным быть. Да! — ты не обижайся, а лучше слушай меня. Я тебя кой с кем познакомлю. Ты им — портреты, а они тебе место. Дело говорю. Что? Искусство? Виньетки-то эти, буквы, картинки? Брось! Да и на кой прах оно, это искусство, если в животе бурчит! Ха-ха-ха!

Виталина коробили его слова, как всякая пошлость, и он, желая переменить разговор, торопливо сказал:

— Ну, все я да я! Расскажи, как ты устроился? Десять лет не виделись!

— Немудрено. Я тут всего четыре месяца. Устроился ничего

себе. Тысчонок девять, двенадцать наколачиваю и — один, ха-ха-ха!.. Был и на Урале, и в Екатеринославе, и в Баку, везде дела делал. Теперь здесь при Бельгийском анонимном обществе... Ничего устроился, — повторил он самодовольно.

— Ты всегда был делец, — не без зависти произнес Виталин.

— Делец не делец, а мимо рта не дам пронести. Они допили кофе.

— Ну, ты куда?

— Домой, — ответил Виталин.

— Стой! — произнес Кострыгин. — Дома тебе все равно теперь не писать картины; с женой еще успеешь насидеться. Поедем со мною!

— Куда?

— Мне надо в клуб! А ты побродишь, посмотришь, как играют... Чай, и не знаешь этого? А там вместе поужинаем... А?

Виталин колебался. Ему представилась жена, которая с нетерпением ждет его, зная, что он пошел искать денег; но тут же у него мелькнула мысль — как последняя надежда — занять нужную сумму у богатого приятеля.

Чертенок напряг свою волю и впился взором в художника.

— Что же... пожалуй! — согласился он.

— Вот и отлично! — воскликнул Кострыгин. — Человек, сколько следует?

И, бросив на столик монету, он взял Виталина под руку и пошел к выходу.

Чертенок положил на столик фальшивый двугривенный и поспешно пошел следом за ними.

— К Синему мосту, — громко сказал извощику Кострыгин.

— Пожалте!

Извощик перегнулся и отстегнул полость.

Кострыгин занял три четверти сиденья, Виталин приткнулся с краешка. Извозчик застегнул полость, дернул вожжами и его сани смешались с вереницею других саней. Чертенок обернулся собакою и весело побежал за ними.

IV

На углу Мойки и Нового переулка четвертый этаж огромного дома сверкал ярко освещенными окнами.

Было 11 часов и к его подъезду со всех сторон подходили и подъезжали люди в шинелях, шубах и легких пальто.

Двухстворчатые двери хлопали то и дело.

Извощик лихо подвез Виталина и Кострыгина к подъезду, они вышли из саней и прошли следом за другими.

Чертенок быстро шмыгнул следом за ними, но уже невидимкою.

Внизу, у первой площадки лестницы посетители снимали галоши, брали номерки и иные степенно, а иные бегом, поднимались по широкой лестнице.

Кострыгин взял художника под руку и, идя с ним за другими, снисходительно говорил ему:

— Живешь безвыездно в Петербурге, а — поди — и не знал этого места?

— Не знал, — ответил простодушно Виталин.

— А я всего здесь четвертый месяц и уже член! — самодовольно сказал Кострыгин и продолжал: — общедоступное Монте-Карло, так сказать! Здесь весело. Хочешь поиграть — вволю! И девчонки есть, — прибавил он; — по субботам маскарады. Простота нравов и всякому по средствам. Ха-ха-ха! Ну, идем!

Они поднялись на третью площадку лестницы и вошли в помещение клуба.

Направо, отгороженные длинною стойкой, стояли вешалки, сплошь завешанные шубами и пальто; налево, через раскрытые двери, была видна ярко освещенная пустая зала; а прямо, за небольшим широким прилавком, сидел толстый блондин, удивительно похожий на кота, и продавал входные билеты.

Подле него стоял приземистый мужчина во фраке, с золотыми пуговицами, с густыми черными бакенбардами, походивший на важного сановника.

— На мое имя! — небрежно сказал Кострыгин господину, похожему на кота, указывая на Виталина.

— На раз или на год?

— Пишите на год. Может, соблазнишься и без меня ходить станешь, — сказал смеясь Кострыгин Виталину, — ну, плати пятьдесят пять копеек!

Виталин заплатил и получил билетик. Кострыгин подхватил его под руку и ввел в огромный зал, по которому спешно проходили входящие, направляясь в двери налево или направо.

— А! Василий Петрович! — воскликнул юркий рыжий господин с красным носом, обращаясь к Кострыгину, — ты то мне и нужен! Дельце, батенька!

— Ну, я тебя оставлю, — сказал Кострыгин Виталину, — погуляй пока, а там будем ужинать!

Он обнял рыжего господина за талию и, кивнув приятелю, пошел в двери направо.

Виталин постоял с мгновенье, увидел огромный портрет Екатерины Второй и подошел к нему.

Великая императрица была написана во весь рост.

На роскошной раме была доска с выгравированной подписью милостивых слов, которыми она удостоила открытие первого общественного собрания в Петербурге.

"Копия с Боровикова", определил Виталин и, повернувшись, пошел в ярко освещенные комнаты.

В первой небольшой комнате стояло несколько ломберных столов и за ними играли в винт сосредоточенно, угрюмо.

В следующей большой комнате — то же. В ней же, в углу за столом, сидел Кострыгин и о чем-то оживленно толковал с рыжим господином, подле которого стоял толстый лысый армянин и, широко улыбаясь, кивал головою.

Виталин прошел через эту комнату и очутился в буфетной.

Несколько человек группами сидели за столиками, пили чай и громко разговаривали.

— Какой банк! Какой банк! — сокрушенно восклицал маленький черный еврей, — четыреста рублей! Я говорю ему: сними он: нет! И... сорвали... да!

56

Впереди видна была еще огромная, слабо освещенная, комната.

В ней за большими круглыми столами сидели мужчины и женщины, играя в карты.

Столы освещались лампочками под широкими абажурами, отчего в огромной комнате было относительно темно.

Дамы и мужчины играли в мушку.

Виталин остановился подле одного стола и равнодушно смотрел на игру.

Рыжий еврей, похожий на ростовщика; старичок, похожий на менялу; видимо, пьяный прикащик и две дамы: одна огромная, толстая, с усами и густым басом, другая маленькая с ярко горящими глазами, с острыми чертами лица, похожая на скворца.

Они играли и ссорились.

Виталин пошел дальше.

В биллиардной двое лениво играли на биллиарде. В читальной лысый старичок громко храпел в кресле, прикрыв лицо платком.

Виталин вернулся через буфет и две залы снова в зал, где висел портрет Екатерины, и прошел в следующие комнаты.

Небольшая гостиная с фруктовым буфетом.

Полутемная большая комната с рядами стульев вдоль стен. Дальше — налево — двери вели в ярко-освещенный зал. Он переступил порог и остановился пораженный зрелищем.

V

В первый момент ошеломленному Виталину показалось, что он попал на Лысую гору — так все было необыкновенно. Он стоял на пороге ярко освещенной залы; небольшая передняя часть ее была отделена четырьмя белыми колоннами, а за ними раскинулась остальная огромная часть залы с рядами белых колонн по сторонам, вся залитая ярким электрическим светом громадных люстр.

И на всем ее огромном пространстве, словно на ярмарке, толкались, суетились и шумели люди.

Сизый дым висел облаками и в его тумане вдруг выделялось красное, разгоряченное лицо с вытаращенными глазами или поднимался кто-нибудь бледный, как мертвец.

И, словно дьявольский оркестр, в воздухе стоял сплошной гул, среди которого вырывался то громкий какой-то утробный смех, то проклятие, резкое бряцание тяжелых серебряных монет и мягкий звон золота.

Виталин стоял, пораженный зрелищем, перенесенный внезапно из скучных молчаливых зал в атмосферу этого вихря страстей.

Бесцеремонно толкнув его, в залу торопливо прошли два юрких еврея и скрылись за колоннами в тумане сизого дыма.

Молодой офицер прошел туда же, на ходу озабоченно считая серебряные рубли.

Из-за колонн вышли два господина и, весело смеясь, что-то говорили, показывая друг другу деньги.

Почти тотчас за ними вышел кругленький плешивый толстяк с красным, потным, растерянным лицом.

Ничего не видя перед собою, он наткнулся на Виталина, пробормотал "извините", наткнулся на притолоку и растерянно вышел за двери.

"Играют!" решил Виталин и двинулся вперед в шумящую и метущуюся толпу.

Тремя рядами во всю длину залы стояли восьмиугольные игорные столы с расчерченными на них кругами и сегментами и вокруг каждого из них толпились кучею люди.

Со всех сторон раздавались выкрики:

— Ответ! — кричали в одном месте монотонным голосом: — ответ!

— Двенадцать рублей приема! — кричали в другом, — восемь рублей! Шесть!..

— Мои! — раздавался голос.

— Банк покрыт!..

Между играющими ходил человек, с виду прикащик, с кожаной сумкой через плечо и, покрывая шум голосов, время от времени, выкликал:

— Место! Одно место!

Где-то поднялся спор, в другой стороне загремел дружный хохот.

Снующие, взволнованные люди, видимо, все знакомые между собою, громко обменивались фразами.

— Я говорил ему: сделай ромбус! Нет, не послушал — и сорвали...

— Ему не везет...

— Голубчик, одолжи три рубля. Завтра отдам!

— Иди к черту, я и так проигрался.

— Ну, рубль!

— У меня всего пять осталось...

— Ну, хорошо! Я тебе припомню...

Виталин втиснулся в толпу, окружавшую один из столов, и стал смотреть на игру.

На всем столе деньги; золотые и серебряные монеты, ассигнации... Рыжеватый блондин в пенснэ, держа в руке толстую колоду карт, стал сдавать на четыре руки: налево, прямо, направо и себе... сдал по четыре карты... сидящий от него слева из особого футляра вынул и открыл одну карту и положил ее наверх; следом за ним сидящие за столом открыли свои карты и тотчас раздались злобные возгласы:

— Опять!

— Вот повезло!

— Комплект! — радостно воскликнул сдававший карты и, приподнявшись, загреб все деньги, лежавшие на столе, и придвинул их к себе не считая...

— Третий комплект! Этак без галош уйдешь! — сказал кто-то и отошел.

Сдававший снова взял карты. Со всех сторон к столу потянулись руки и на стол посыпались деньги.

— Пятнадцать в круг, десять на шваль! — кричал кто-то.

— Пять на второе!

Виталина совсем притиснули к столу.

— Игра сделана! — сказал рыжий блондин и снова сдал карты.

На этот раз он, после того, как открыли козыря, с досадою отбросил свои карты, а все стоящие вокруг громко засмеялись.

— Опять комплект!

— Наоборот только...

— Не все коту масленица...

— Кабы знать...

— Пятнадцать взял, а шестьдесят проставил... Рыжий блондин приподнялся и быстро производил расплату: серебряные и золотые монеты со звоном падали на стол; к ним протягивались со всех сторон руки и сгребали деньги... стол очистился и рыжий блондин опять взял карты.

— Сделайте маленькую! — сказал он.

— Раздача! — крикнул кто-то весело.

Виталин опустил руку в карман, достал три рубля и кинул на стол.

— В круг? — спросил его сидящий за столом.

— Все равно, — смущенно ответил он и замер. Рыжий блондин стал сдавать карты...

VI

Чертенок, приняв вид господина, внушающего доверие, ходил вокруг игорных столов, толкался между игроками и радовался. Взглянув на человека, он сразу проникал в его сокровенные думы, сразу определял его положение, даже постигал то, что у нас теперь определяют термином "подсознание", и, видя все это скрытое также ясно, как мы видим рыб в аквариуме, весело и горделиво улыбался.

Солидный с виду человек... а два часа тому назад он выкрал из комода жены последние восемнадцать рублей и теперь играет на них в мечте о выигрыше...

И черт, забавляясь, потерся подле него, несколько раз навел его руку на выигрышные места, помог ему из восемнадцати рублей сделать двести десять — а потом отошел в сторону и, чуть не хохоча во весь голос, смотрел, как тот стал проигрывать, заметался, проставил последний рубль, вытер платком вспотевшее лицо и растерянно оглянулся по сторонам.

"И влетит ему дома!" подумал радостно чертенок.

С бледным лицом, воспаленными глазами сидел за столом пожилой господин... через неделю ревизия кассы и в ней недочет... вся надежда на выигрыш, ради чего он взял оттуда и сегодня пятьсот рублей... Черт уже видел ревизию, знал, что этот господин через неделю будет качаться под потолком своей спальной на шнурке от халата — и радостно улыбался.

А когда все эти игроки, с трепетом делая свои ставки, призывали молитвенно Божью помощь, черт буквально надрывался от смеха, так что один раз к нему подошел черный курчавый еврей и, с веселой улыбкой кивнув ему головой, сказал:

— Вы, верно, много выиграли? Одолжите до завтра золотой!

Черт тотчас дал ему десятирублевый; еврей жадно схватил его и убежал, а через полчаса раздались крики, ругань, плаксивый голос еврея и оказалось, что он делал ставки позолоченным четвертаком.

У него отобрали выигранные деньги и выгнали его из зала.

Черт потешался и совсем было забыл про намеченную жертву, как вдруг увидел Виталина, протискивающегося к одному из столов с зажатым в кулаке рублем.

Последним!..

Лицо Виталина было бледно, глаза потухли, губы кривились беспомощной улыбкой.

VII

Был момент когда у Виталина образовалось около пятидесяти рублей. Но на уплату долга нужно было восемьдесят рублей, на жизнь — хоть двадцать и он решил играть до выигрыша в сто рублей и остался с одним.

А теперь он думал, что двадцать пять рублей могли бы остановить роковой приход пристава, другие двадцать пять дали бы ему спокойствие на неделю — и ругал себя дураком, приходя в ужас от мысли, что он скажет жене, что будет завтра и снова думал последним рублем вернуть потерянные пятьдесят.

Черт в одно мгновение очутился подле него, помог ему продвинуться к столу и в то время, когда банкомет произнес: "Поставьте немного!" шепнул ему:

— Ставьте на второе! Второе выиграло.

— Ставьте оба рубля опять на второе, — внушительно сказал черт и Виталин, как загипнотизированный, послушал его совета и снял четыре рубля.

Надежда оживила его.

— А теперь куда? — спросил у своего соседа уже сам.

— Все четыре на первое, — ответил черт.

— Наша! — радостно воскликнул Виталин, когда на первом оказалось два козыря, и снял восемь рублей, а потом восемь обратились в шестнадцать.

— Перейдемте к золотому, — шепнул ему черт и в его голосе было что-то такое, чему не мог противиться Виталин.

У золотого стола он начал играть с десяти рублей и в четверть часа у него образовалось уже двести сорок.

— Место! — закричал в это время карточник.

— Займите, — шепнул черт.

— Но я не умею...

— Я сяду подле...

И Виталин занял место за столом, а черт сел подле него.

Двести сорок рублей из рубля! Но Виталин уже не считал

их суммою. Необъяснимая уверенность овладела им и он веселым приветливым взглядом смотрел на всех и беспричинно смеялся.

— Вы мне так помогли, а я не спросил даже вашего имени? — сказал он вдруг, обратившись к черту.

Тот снисходительно улыбнулся и не без смущения ответил неясным бормотаньем, внятно прибавив:

— Маклер...

— А я художник Виталин, Федор Павлович!

— Очень приятно! — сказал черт и прибавил: — ваша очередь держать банк!

Виталин робко взял в руки карты.

— Сколько в банке? — спросили сидящие за столом. Виталин не понял, но черт выдвинул на середину стола его деньги и сказал:

— Восемнадцать рублей!

И произошло событие, о котором потом целую неделю говорили в клубе, как о чуде. Виталин бил все карты.

Из восемнадцати образовалось сорок один рубль, потом восемьдесят два, потом сто шестьдесят четыре, а там стали ставить деньги на все табло, на "шваль", в "круг", на "крылья"— и Виталин бил, бил и бил и только успевал загребать деньги и сдавать карты.

Перед ним была груда: золотые монеты, тяжелые серебряные рубли, бумажки... Лицо его раскраснелось, глаза горели и в возбуждении, как пьяный, он говорил без умолку.

Стол окружили сплошной стеною. Пытающие счастье подходили, оставляли все свои деньги и отходили с проклятиями.

Происходило небывалое: то он всех убивал одной козырною двойкой, то — когда у партнеров открывались по два и по три козыря и все уже ликовали — он показывал двух тузов и опять забирал все ставки.

— Федя, брось! — раздался оклик.

Виталин поднял голову и увидел у стола Кострыгина.

— С восемнадцати рублей! — крикнул он хвастливо.

— Поди, с тысячу есть?

— Больше! — с яростью ответил один из играющих.

— Больше? И того лучше! — сказал весело Кострыгин, — идем ужинать!

— Еще одну только! — смеясь произнес Виталин и взял карты.

— А потом бросьте, — шепнул ему черт, — довольно.

Виталин кивнул и снова стал метать с таким же счастьем, но его успех уже охладил игроков и игра стала мелкая по своим ставкам.

Он дометал до конца и, собрав всю кучу денег в салфетку, встал из за стола.

Завистливый шепот раздался со всех сторон.

Кострыгин подхватил Виталина под руку и повлек в буфетную.

— Там сосчитаем! Идем! — говорил он и в его голосе слышались лесть и зависть.

Виталин громко смеялся и повторял:

— С рубля! С последнего рубля! Благодаря вот им... Он оглянулся, но черт уже исчез, весело думая: "шабаш! Теперь не сорвется"...

— Вот сюда! Давай считать! — суетливо заговорил Кострыгин, усаживая приятеля к столу и стараясь взять от него салфетку, но Виталин удержал ее у себя и бережно развернул на столе.

— Ну, давай!

Они стали считать деньги, сперва сортируя их.

Виталин дрожащими руками стал считать бумажки — сперва сотенные, потом пятидесятирублевые, двадцатипятирублевые и — наконец, трехрублевые, а Кострыгин звенел золотом, быстро и ловко отсчитывая по сто рублей и раскладывая по кучкам.

— Ну, у тебя сколько вышло? — спросил он, оканчивая счет и незаметно опуская в жилетный карман несколько монет.

— Две тысячи триста семьдесят один рубль!

— А у меня семьсот сорок, да еще серебро! Они сочли серебро.

— Девяносто два рубля! Итого — три тысячи двести три рубля! — быстро сосчитал Кострыгин.

— Это с восемнадцати рублей! С рубля! — воскликнул Виталин, жадно собирая деньги и рассовывая их по карманам.

— Я на вас ужасно проигрался. Дайте с выигрыша хоть пятнадцать рублей! — услышал он просительный голос и поднял голову.

Вокруг стола стояло несколько человек с заискивающими улыбками на лицах.

— Дай им! — сказал Кострыгин, подмигивая рыжему толстому еврею.

— С удовольствием! Вам сколько?

— Пятнадцать рублей!

— И мне, пожалуйста!

— И мне!

К нему протянулось несколько рук. Он брал золотые монеты и раздавал торопливо и радостно.

— Попрошу тридцать рублей... до завтра, — хрипло произнес сухой, как щепка, отставной корнет в выцветшей синей куртке.

— Ну, и довольно! — властно произнес Кострыгин, — человек, шампанского и счет!..

Трое лакеев, почтительно согнувшись, стояли в ожидании и теперь быстро метнулись исполнить приказание.

Кострыгин положил пухлую руку на локоть Виталина и дружеским тоном проговорил:

— Тебе, Федя, как говорится пофартунило. А почему? Потому что я тебя сюда привез! Ведь правда? Сам бы не поехал?

— Да я и не знал, — смеясь ответил Виталин.

— Совершенно верно! Так ты, Федя, мне помоги, дружок. Одолжи три сотни... на недельку!

— Сделай милость! — поспешно ответил Виталин и отсчитал ему триста рублей.

Три тысячи рублей! Он никогда не имел сразу более двухсот рублей и теперь эта сумма казалась ему миллионом.

— Вот друг! — с чувством произнес Кострыгин, небрежно опуская в карман деньги. — А теперь выпьем и домой!

— Домой! Домой! — оживленно повторил Виталин и его охватило нетерпение поскорее увидеть жену и поразить ее и рассказом, и деньгами.

— Да, я домой! Ты уж один! — повторил он, наскоро выпивая стакан вина, и вскочил с места.

— Стой! А твой адрес? Завтра будешь?

Но Виталин уже торопливо шел к выходу.

Кострыгин добродушно махнул рукой, сел поудобнее и стал медленно пить вино.

— Кто это? — спросил его шепотом юркий брюнет, садясь за столик.

Кострыгин усмехнулся.

— Пижон! В первый раз! Совсем с ума сошел. Художник Виталин.

— Тс... — сказал подходя к столу толстый армянин, — все равно все деньги назад принесет.

— Ну, это как! — серьезно ответил брюнет, — везло ему непостижимо. Насквозь!

Подле столика образовалась группа и все расспрашивали Кострыгина о его приятеле.

— Ты его притащи сюда! — заключил беседу высокий брюнет с физиономией бандита.

— Сам вернется! — смеясь ответил Кострыгин и встал от стола.

— Да, и везло! — задумчиво проговорил брюнет и, сосчитав свои деньги, снова направился в игорную залу.

VIII

Гони не жалея! — говорил Виталин извощику и мчался по пустым улицам в глухую улицу Петербургской стороны, радостно думая, как обрадует свою Наташу.

Три, четыре часа тому назад он был полон отчаянья с последним рублем, а теперь — богач!

— Гони, братец! — повторял он извощику, подъезжая к Ружейной улице.

Извощик свернул с Каменноостровского проспекта; потянулись заборы, за которыми торчали опушенные снегом деревья, темные домики с закрытыми ставнями.

Виталин перегнулся в санях.

— Направо! У фонаря! Стой! — закричал он, выскочив из саней, и, сунув извощику два целковых, вошел в калитку.

Сердце его колотилось от волнения; он шел по темным сеням, ощупывая свои карманы, полные денег.

— Отвори! Это я! — крикнул он, когда на его стук послышался опрос заспавшейся кухарки.

Дверь обитая рогожей с шуршанием открылась. Виталин вошел в тесную кухню, слабо освещенную лампадкой; кухарка скрылась за пестрой занавеской.

— Это ты? — послышался тревожный оклик жены.

— Я, Наташа! — громко ответил Виталин, сбрасывая галоши. Потом, вбежав в первую темную комнату, он быстро сбросил пальто и шапку и вошел в спальную.

Узкая маленькая комната была занята столом, стулом и двумя кроватями.

В маленькой кроватке у стены спал четырехлетний сын Виталиных, на другой — проснувшаяся Наталья Семеновна, приподнявшись с подушек, зажигала свечу.

— Где ты был так долго? Я жда... — начала она, но он тотчас перебил ее восклицанием:

— Мы спасены! Мы разбогатели! Понимаешь, богачи! — и нагнувшись порывисто обнял ее.

Она испуганно освободилась из его объятий:

— Что случилось? Скажи толком!

— Мы богаты! Смотри! — и он стал торопливо освобождать свои карманы, выбрасывая деньги на одеяло.

Сотенные, по пятьдесят рублей, по двадцать пять, трехрублевые и целый дождь золотых монет.

— Вот смотри! Еще! Еще! Тысячи! — говорил задыхаясь Виталин, а жена его словно окаменела. Рубашка спустилась и обнажила плечо и грудь, распущенные волосы свисли на лицо, одна рука лежала на подушке, а другая на одеяле и теперь скрылась, засыпанная золотыми монетами.

Наконец, она очнулась, отбросила сбившиеся волосы, оправила рубашку, потрогала рукою деньги и тихо спросила:

— Откуда?

— Ах, это прямо сказка! — ответил он, взмахнув руками.

— Папа! — раздался голос из кроватки.

— Проснулся, Сашурка! — Виталин взял несколько монет и бросил их в постель сына: — играй! У папы много их. — Он встал, поцеловал сына и снова сел на кровать.

— Откуда же? — повторила жена, пересыпая из руки в руку золотые монеты.

— Говорю, сказка! Выиграл!! — Он сбросил пиджак, жилетку и сапоги и стал рассказывать по порядку историю вечера от встречи с старым товарищем.

Ей казалось, что она слушает сказку. Она видела карточную игру, у них собирались приятели мужа и играли в стуколку. Проигрывали и выигрывали по восьми, по десяти рублей, но чтобы можно было выиграть столько, она и не думала и теперь с недоверием взглянула на мужа.

— Неужели это правда, Федя? — спросила она и голос ее дрожал от радости и страха.

Он засмеялся.

— Что же, я украл их что ли? Ах, глупая! Подожди, я еще и еще выиграю!

— Сколько же тут? — и голос ее понизился до шепота.

— Тысячи три! Было три, да я раздал. На нас хватит! — ответил он и, нервно рассмеявшись, снова обнял жену.

Она приникла к его плечу и замерла. Через минуту они очнулись.

— Спрячь деньги-то, — деловым тоном сказал он, — пока хоть под подушку!

Она торопливо стала собирать золото и бумажки и совать их под подушку.

— Еще рассыплятся, — подумала она вслух и, сдернув со стены полотенце, переложила деньги в него, завязала узлом и сунула узел за подушку у стенки.

Виталин разделся, лег подле жены, погасил свечу и сказал:

— Ну, спать теперь!

Но спать они не могли. Нервы были слишком напряжены, ум возбужден — и они, лежа друг подле друга, стали распределять эти деньги.

— Завтра уж ты сама сходи к приставу и заплати эти поганые 80 рублей, — сказал он.

— Понятно, прежде всего! Вот удивится-то! — и она засмеялась.

— За квартиру и в лавочку; Лизавете тоже...

— Всем, всем!..

— А потом, знаешь что я решил, Наташа? — он повернулся к ней: — бросим эту дыру, найдем хорошенькую квартирку, обставим ее и я тогда примусь за картину. Знаешь, за ту!.. Сон!.. Теперь это можно. Одну тысячу истратим, на другую — проживем месяцев шесть, а там и — картина! А?

— Понятно, это можно! — Она тоже обернулась к нему лицом и заговорила с оживлением: — спальная, гостиная, столовая и мастерская. Четыре комнаты! А как обставим их! Вот Чирковы удивятся-то! И Евгения Львовна тоже. Вчера пришла, жалела, жалела нас! Даже противно! А потом сплетничать стала... Мы не скажем, Федя, что выиграли?

— Понятно, — быстро ответил он, — кому дело? Получил заказ, наследство...

— А обставим красиво, красиво... Я, Федя, еще себе платье сделаю.

— И платье, и шубу. Все! И Сашку оденем...

— Как куклу! О, милый!.. — Она горячо поцеловала его. Он счастливо засмеялся.

— То ли будет еще! Если бы ты знала, как мне везло...

Черт радовался, выскользнув из клуба.

"Ну, веревку заплел", ухмыляясь, подумал он, "займусь с ним денька три и — баста!"

69

И он отправился до зари сделать еще две, три мелких пакости.

В эту ночь от одного почтенного господина сбежала жена; сгорело от поджога застрахованное имущество; застрелился юноша и был убит швейцар французского посольства.

В сутолоке жизни все эти явления считаются обычными и даже заносятся досужими людьми в графы статистических таблиц, а между тем эту статистику ворочают и так, и этак черти, которые толкаются между нами, как цыгане на лошадиной ярмарке.

Наталья Александровна не могла уже больше уснуть и лежала подле крепко спящего мужа, отдавшись неясным грезам о спокойной обеспеченной жизни.

Есть люди, для которых это счастье мелькает только в мечтах.

Один лишь медовый месяц ей казалось, что она живет полной жизнью и то потому, что любовь поглощала все ее чувства.

И это счастье продолжалось всего два, три месяца, пока не ушли все деньги, полученные Виталиным за проданную картину. А там началась нужда и потянулась серою полосою через всю жизнь, отравляя каждую радость, беспощадно отрезвляя от всякой мечты.

Раньше он писал картины для выставки и жил от продажи этих картин, отдавая их часто за бесценок, но теперь уже немыслима была жизнь бобыля; надо было отыскивать средства.

И он отыскивал. Работал на журналы и писал копии для магазинов и продавцов картин. Но как при этих получках урегулировать жизнь? И она проходила в постоянной тревоге о завтрашнем дне, бледная, тусклая, как скучный день ненастной осени.

И вдруг сразу такая сумма!

Она думала, как они устроятся, как в уютной, светлой квартире Федя снова сядет за работу над большой картиной и как плавно потечет их жизнь в тихом труде с отдыхом, развлеченьями и маленькими радостями.

Но среди этих мечтаний у нее — нет, нет — сжималось сердце злым предчувствием.

Утомленных жизнью людей внезапное счастье пугает так же, как баловней судьбы — несчастье.

Мгновеньями ей казалось, что все это сон; тогда она совала руку под подушку, ощупывала через холст полотенца круглые края монет, тихо смеялась и снова отдавалась грезам.

IX

Бледный рассвет прогнал тьму. Становилось светлее и светлее. Стенные часы в кухне продребезжали шесть раз. Завозилась Елизавета и, наконец, проснулся Саша.

Встрепанный, заспанный, он высунулся из кровати и, встретив взгляд матери, громко и быстро заговорил.

— Смотри, у меня сколько копеек! Я пойду с Елизаветой и куплю сладкого.

Мать улыбнулась.

— Вставай скорей! Мы поедем с тобой и всего купим!.. Только тихо. Не разбуди папы!

И не в силах больше лежать и таить своей радости, она поднялась с постели, помогла одеться Саше и вышла на кухню.

Елизавета, молодая баба с добродушным рябым лицом, растапливала плиту и, присев на корточки, усердно раздувала огонь.

— Ставь самовар, — сказала весело Наталья Александровна, — мы с Сашей напьемся и уедем сейчас!

— Смотри, три копейки! — сказал Саша и, разжав кулак, показал Елизавете деньги.

Она взглянула и испуганно вытаращила глаза.

— Ишь ты! Тут пятнадцать рублей, а он — копейки! Отдай маме; еще потеряешь! — прибавила она тревожно.

Наталья Александровна засмеялась.

— Оставь! Это ему папа подарил. У нас, Елизавета, — дружески сказала она, присаживаясь на табуретку, — теперь много, много денег!

— Да ну? И мне отдадите?

— Все отдам! Хоть сейчас.

— А уж как мне нужно-то! — радостно воскликнула Елизавета и суетливо начала ставить самовар.

— Что же, али картины продал?

— Заказ получил, большой заказ, — ответила Наталья Александровна и заговорила, лаская Сашу, — теперь мы, Елизавета, на другую квартиру переедем. Мебель купим, посуду, все, все...

— Много, получил барин-то?

— Много! Больше тысячи...

Елизавета бросила горящую растопку в самовар и от изумления выпрямилась с трубою в руке.

— Больше тысячи! — повторила она.

— Много больше...

А пламя и дым вырывались из трубы самовара.

— Смотри, смотри! — закричал Саша. Елизавета наставила трубу и повторила.

— Много больше...

— Много! Ну, а теперь беги за булками и молоком, а я Сашу помою.

Елизавета тотчас накинула платок, взяла золотую монету от барыни и стрелою вылетела из дверей.

Первым узнал о богатстве ее господ дворник, а за ним — в булочной, потом в молочной, по дороге Елизавета забежала в мелочную лавочку сообщить новость, но толстый лавочник с усмешкою сказал:

— Поди, рублев пятьдесят получил!

— Пятьдесят! Говорю, больше тысячи! Во какая, куча! — возмутилась Елизавета.

— И долг отдадут?

— Уж это беспременно...

Наталья Александровна вымыла Сашу, напилась с ним чая, потом приказала Елизавете одеть Сашу и прошла в спальную.

Федор Иванович раскинувшись на постели громко храпел. Она осторожно достала узел с деньгами, вынула из него триста рублей и, снова завязав его, уложила на самое дно ящика в комоде, под белье.

Потом заперла ящик, спрятала ключ и, выйдя в кухню, весело сказала Елизавете.

— Ну, мы едем! Барина не буди. Проснется, подай ему чай и скажи, что мы к двенадцати будем!

— Хорошо, хорошо! Идите с Богом! — добродушно ответила Елизавета.

Наталья Александровна вышла. Прежде, в своей коротенькой драповой кофточке, в шапке под мерлушку, в рваных башмаках и без галош в это холодное зимнее время она чувствовала себя бедной и несчастной. Особенно, когда надо было идти мимо мелочной или мясной лавок, где они были должны. Лавочники стояли у дверей и кланялись ей, едва кивая, а она смущенно торопилась скорее пройти мимо.

Теперь же, когда она знала, что у нее в кармане триста рублей и дома еще много денег, живая радость и гордая независимость наполняли ее сердце и отражались и на ее манерах, и на походке настолько, что встречавшиеся ей простые люди почтительно давали ей дорогу.

Она не могла отказать себе в удовольствии зайти в лавки, чтобы расплатиться с мелкими долгами.

В мелочной приказчик снял картуз и почтительно ей поклонился. Она слегка наклонила голову и спросила:

— Сколько мы вам должны?

Приказчик бросил весы, на которых отвешивал в горшочке соленые грузди, и торопливо метнулся к конторке.

— Сию минуту, сударыня! — и вынув засаленную книжку защелкал костяшками счет.

Собравшаяся в лавке беднота с любопытством и почтением смотрела на Наталью Семеновну [автор называет жену героя то Натальей Алкександровной, то Натальей Семеновной (Прим. ред.)], а она стояла, словно не замечая общего внимания.

Когда она расплатилась, лавочник почтительно проводил ее до двери и сам распахнул ее перед нею.

И то же произошло в мясной, в молочной, в булочной. Потом она села с Сашей на извозчика и проехала к приставу, где заплатила долг по исполнительному листу...

X

Виталин встал. Едва он проснулся, как тотчас вспомнил о своем выигрыше, и радость волною хлынула в его душу. Жены нет. Значит, она уехала к приставу. Он быстро оделся и прошел в кухню. Елизавета засуетилась.

— Сейчас, барин, чаю подам! Пожалуйте к столу!

— Где Наташа?

— Уехала с Сашенькой! Сказала, вернется вскорости, — ответила Елизавета, хлопоча у самовара.

Виталин улыбнулся, прошел в комнату, сел к сосновому столу, покрытому грязной скатертью, и с улыбкою огляделся.

Вот все их убогое хозяйство!

В углу большой комнаты стоял дешевый шкафик, в котором хранилась вся их посуда, у стены стоял продавленный диван, а над ним висело тусклое зеркало в овальной раме; в углу — мольберт с начатой копией с Репинского Николая Чудотворца, которую он делал с олеографии по заказу за тридцать рублей; на двух табуретах — краски и кисти; дальше — поломанный ломберный стол, просиженное кресло, три венских стула и еще две табуретки.

Только развешенные по стенам этюды несколько скрашивали эту убогую обстановку.

Так жить! Все надежды были на эту копию за тридцать рублей. И Виталину на миг стало жутко, а потом радость снова охватила его горячей волною.

Конец этому кошмару! Теперь и они заживут, как люди...

Елизавета подала чай, и он, прихлебывая из стакана, мысленно переживал свою удачу и воспроизводил детали

74

игры. Ему вспомнился красный с рыжими усами господин, который небрежно кинул на стол триста рублей, а потом, проиграв их, даже чертыхнулся; мелькнуло в памяти побледневшее лицо с искривленной улыбкой какого-то игрока, который сказал ему: "последний из сотни", бросил рубль, проиграл его и тяжело встал из за стола; место его тотчас занял другой, потом третий.

Да, это ощущения!.. А все — этот маклер.

Виталин напряг память, чтобы вспомнить его лицо и не мог. Он вспоминал белые, мелкие, как у щуки, зубы или глаза, или профиль какой то звериный, острый, — но все лицо, вся фигура не давались памяти.

Елизавета подала ему второй стакан.

Когда он его допивал, в кухне послышались голоса, и в комнату вбежал Саша, а за ним Наталья Семеновна, оба веселые, радостные.

— Все сделала! — садясь против мужа в кофточке и шапке, заговорила Наталья Семеновна: — в мелочной отдала, в мясной, приставу. Теперь только за квартиру да Лизавете!

А Саша оперся на колена отца и, теребя его, говорил:

— На извозчике ездили! А мама мне шубу купит! Слышишь!..

Виталин смотрел на дорогие ему лица, теперь оживленные радостью, и все существо его наполнялось безмятежным счастьем.

Как-то не верилось даже.

Обыкновенно он просыпался с мыслью о деньгах, раздраженный, усталый и тотчас или торопился доставать их или садился за мольберт исполнять обычную, ненавистную работу. В такую пору его раздражали и звонкий смех Саши, и всякое движение жены.

А теперь? И при мысли о долгом и прочном спокойствии он радостно засмеялся.

— Знаешь что, Федя? — сказала весело Наталья Семеновна, — мы возьмем Сашу и поедем за покупками, а? А потом куда-нибудь пообедать? Хорошо?

Он кивнул ей и встал, подняв на руки Сашу.

— Кутить, значит? Идет! И они поехали.

Тратить деньги, не боясь передержать лишний целковый! Покупать нужные и ненужные вещи! Ходить из магазина в магазин, выбирать, торговаться, шутить и встречать всюду заискивающую внимательность приказчиков — это все новые своеобразные наслаждения, не испытанные ими доселе, — и они оба радовались, как дети.

В своих покупках они не забыли даже Лизаветы; пообедали в ресторане и вернулись домой счастливые и радостные.

У всех были обновки. Саша был наряжен, как кукла; сам Виталин оделся во все новое до сорочки.

Ярко горела лампа, весело трещали дрова в печке, приветливо шумел самовар, и Наталья Семеновна, пересматривая с Лизаветой покупки, при ее возгласах удивления, радостно взглядывала на мужа, и он чувствовал ее горячую любовь и благодарность.

Поздно вечером он поднялся.

Она вопросительно взглянула на него.

— Поеду опять! — сказал он, — дай денег!

— Ты сколько возьмешь? — спросила она с неясной тревогой.

— Пятьсот рублей! — ответил он и убежденно прибавил: — сегодня еще больше привезу.

Лицо ее осветилось, глаза вспыхнули.

— Сейчас! — и она пошла к комоду.

XI

Федор Павлович был удивлен и обрадован. В клубе, который он посещал всего второй раз, казалось все его узнали. Стоящие у вешалки наперерыв бросились помочь ему снять пальто, сидящий за кассою почтительно ему поклонился, и едва он вошел в зал, как несколько человек пошли ему навстречу, радостно улыбаясь и протягивая ему руки, словно долгожданному приятелю.

Какой-то армянин с бегающими глазками ухватил его руку и, дружески потрясая ее, воскликнул:

— Вот рад! Вот рад!

Огромный мужчина фамильярно взял его под руку и озабоченно спросил:

— Ну, как доехали? Благополучно? То-то! — И прибавил: — я, знаете, боялся, что вас куда-нибудь утащут. Хотел даже проведать вас...

— А! Федя! — раздался радостный крик, и Кострыгин выхватил его из рук неизвестного благожелателя и повлек по залам, громко говоря: — ну, посмотрю, как ты их сегодня! Как ты их! Помни, я в гривеннике!..

— Это что значит? Кострыгин рассмеялся.

— Ах ты, простота! Это значит, что я участвую с тобой в доле. Выиграл ты или проиграл, я беру или плачу гривенник с каждого твоего рубля. Десять процентов. Понял?

Виталин кивнул и они подошли к дверям игорной залы, окруженные, как свитой мелкими игроками.

Игра была уже в полном разгаре. Так же туманом стоял дым, сверкали огни, мелькали лица, в смешанном гуле слышался звон металла, но на Виталина все это уже не произвело вчерашнего впечатления.

Карточник торопливо подошел к нему и, поклонившись, сказал:

— Я уже для вас приготовил столик! Пожалуйте! Виталин, улыбаясь, пошел за ним в сопровождении Кострыгина и в то же время искал глазами вчерашнего советника.

У стола уже стояли остальные три партнера и карточник поспешно срывал с карт обертки.

— Пожалуйте! — он раскинул веером карты и остановился в отдалении.

Виталин взял карту, сел за стол и радостно закивал головою: вчерашний маклер, улыбаясь и кивая ему, пробирался через толпу, окружившую стол.

— Садитесь здесь! — сказал Виталин, указывая ему на стул подле себя.

— А вы опять? — вкрадчиво улыбаясь, спросил маклер.

— Вчера очень повезло...

— Новичкам всегда везет, — заметил один из партнеров.

— Как-то сегодня, хе-хе-хе! Снимите! — сказал другой и, взяв карты, кинул на середину стола деньги и сказал:

— В банке пятнадцать рублей. Игра началась.

И опять то же безумное счастье сопровождало игру Виталина. Едва дошла до него очередь, банк рос; он бил все карты, проигравшиеся игроки друг за другом отходили от стола, бормоча проклятия; их сменяли новые, ставки то уменьшались, то вдруг увеличивались, а Виталин все выигрывал и выигрывал.

Лицо его сияло торжеством победы, он звонко смеялся и вокруг его уже образовалась толпа обычных спутников "счастливцев".

Жадными глазами они смотрели на груду денег и льстивым смехом встречали каждую фразу, каждый жест Виталина.

Растолкав всех, к стулу Виталина протискался Кострыгин и с авторитетностью опытного игрока сказал ему:

— Брось! Довольно!

— Нет, я еще...

— А я говорю — брось! Я в гривеннике и имею свой голос! Брось, брось! — повторил он и вырвал из его рук карты.

Виталин взглянул на своего соседа-маклера. Тот пожал плечами.

— Можно и бросить! Что же...

Виталин встал, опять сгреб все деньги в салфетку и пошел в буфетный зал, в сопровождении Кострыгина и образовавшейся свиты.

— Это оттого, что я десять копеек примазал, — говорил Кострыгин, смеясь грубым, довольным смехом.

— Ну, и зачем вы это говорите! — воскликнул шедший рядом еврей, — им везет, как никому, а вы всегда проигрываете!

— Понятно, ему везет! Он молодец! — гортанным голосом заявил армянин и фамильярно похлопал Виталина по плечу.

Виталин смеялся бессмысленным счастливым смехом.

Кострыгин очистил стол, и они опять стали считать деньги, а стоящие вокруг, как голодные на мясо, смотрели на монеты и бумажки и вслух старались угадать сумму выигрыша.

— Рублей тысячи две!

— Больше! Смотри, одних сотенных двенадцать!

— Золота на две будет!

— Три тысячи четыреста сорок, — сказал Кострыгин: — моих триста сорок четыре! — и он отсчитал четыреста с мелочью и опустил в карман.

Виталин, смеясь, стал собирать деньги и рассовывать их по карманам.

— Ужинать и домой! — сказал он.

— Эй, человек! — развязно закричал Кострыгин, а к Виталину тотчас наклонились головы и послышались голоса.

— Я все время желал вам счастья! Дайте с выигрыша!

— На вашем банке шестьсот рублей проиграл. Дайте хоть двадцать рублей!

— Одолжите пятерочку...

Виталин охотно давал направо и налево.

— Попрошу тридцать рублей... до завтра, — хрипло произнес сухой, как щепка, отставной корнет в выцветшей синей куртке.

Черт вернулся на короткий срок в ад и рассказал о своем деле патрону. Тот сморщил харю.

— Ну, что тут такого? Мало ли игроков, пьяниц, развратников?..

— Тсс!.. — воскликнул черт. — Это особенный! Он талант! Он честный! Он трудолюбивый! Он семьянин! И все к... нам! Ха-ха-ха...

— Ну, он опомнится и хорошо посмеется над тобой — и все! За это аттестата не дадут...

— Дадут! Я знаю... Слушай! — вдруг перебил он себя и поднял кверху морду...

В это время Виталин, как и вчера, сидел перед женой на кровати и между ними на одеяле лежала груда денег.

— Вот опять почти три тысячи! — дрожащим от волнения голосом говорил он. — Теперь мы совсем богаты!

— Господи, даже не верится! — растерянно повторяла Наталья Семеновна, ворошила деньги и радостно, благодарно смотрела на мужа.

— Именно, Господи! — подхватил он: — я прямо верю, в Его помощь! Как подумаешь, голодали и... вдруг!..

— Мы молебен отслужим!..

Чертенок схватился за бока и покатился со смеху. Старый черт ухмыльнулся и пробормотал: — Глупые люди...

— Завтра непременно найдем квартиру и переедем, — сказал Виталин, укладываясь в постель.

Наталья Семеновна уложила под подушку деньги, повернулась к мужу и страстно обняла его.

— Какие мы будем счастливые! — прошептала она.

— Завтра опять поеду. Теперь уже с тысячей! — сказал Виталин, думая о непременном выигрыше, и весело засмеялся. — Люди по сто тысяч выигрывали, Наташа; да!..

XII

Виталины наняли квартиру в четыре комнаты с ванною, изящно меблировали ее и пригласили своих знакомых справить новоселье. В новом хорошо сшитом платье, с брошью, серьгами, кольцами, Наталья Семеновна была неузнаваема. Лицо ее похорошело и помолодело, в движениях явилась плавность и голос звучал самоуверенно твердо.

Виталин остался тем же добродушным товарищем. Перемена положения меньше отражается на мужчинах. Но в его глазах светился теперь какой-то самодовольный огонек.

Евгения Львовна Прошкина, пожилая маленькая женщина с острым носом, злыми глазками и злым языком, приготовилась сказать что-нибудь язвительное; но когда изящная горничная помогла ей снять рыжую тальму и распутать синий вязаный платок, когда она вошла в уютную гостиную и увидела самоуверенно гордую Наталью Семеновну, то произнесла только:

— Ах, душечка!.. — и пылко поцеловала хозяйку.

— Покажите же мне ваше гнездышко, — сказала она, немного оправившись, и Наталья Семеновна повела ее по комнатам.

Огромная угловая комната с четырьмя окнами служила мастерской Виталину.

Он драпировал ее портьерами и коврами, в углу стоял большой манекен, на стене висело рыцарское вооружение, широкая тахта занимала чуть не всю стену, на столиках лежали палитра и краски, в дорогой вазе — пучки кистей...

— Ах! Вот тут можно работать! — воскликнула Прошкина.

— Федя задумал громадное полотно, — сказала Наталья Семеновна и повела гостью в столовую, в спальную с дорогим зеркальным шкафом, потом показала ванную и ввела в светлую кухню...

Прошкина изнемогала от возгласов и, вернувшись с хозяйкой в гостиную, вкрадчивым шепотом спросила:

— Откуда же это? Федор Павлович разбогател?

— Получил наследство, — ответила Наталья Семеновна.

— И много?..

Черные глазки ее впились в лицо Натальи Семеновны, но в это время раздался звонок, и сам Виталин вернулся с своим другом Хлоповым, за которым нарочно ездил.

— О, черт возьми! — послышался его густой бас: — да ты разбогател!

— Как Ротшильд! — смеясь, ответил Виталин, и они вошли в гостиную.

Следом за Хлоповым пришли Чирковы, муж с женою, Прутиков, Хвоин и Веревкины, — все товарищи Виталина, бедные художники, граверы и фотографы.

И в этой необычной для них обстановке в своих грязных сорочках, в стареньких пиджаках, в бедных платьях они казались словно не на месте и слегка стеснялись.

Один добродушный Хлопов гудел без умолку, грохотал раскатистым смехом и чувствовал себя так же свободно, как в бедной комнате, на Ружейной улице.

— А Лизавету прогнали?

— Что вы! — возмутилась Наталья Семеновна.

— То-то! Значит еще не зазнались вконец! Ха-ха-ха!..

— Что же, картину писать будешь? — спросил Веревкин Виталина.

— Да, задумал. Теперь засяду, — улыбаясь ответил Виталин.

— В такой мастерской можно, — со вздохом сказал Чирков...

Наталья Семеновна пригласила всех в столовую.

Ярко светила лампа; белоснежная скатерть была уставлена хрусталем и мельхиором, весело шумел изящный светлый самовар, — и по концам стола сидели радостные Виталины, оба чувствуя полное удовлетворение после пережитых мучительных лишений.

Бедные гости вслух выражали свое удивление и льстили хозяевам.

Это был вечер их торжества...

— Ах, как я была счастлива сегодня, — сказала Наталья Семеновна, обнимая мужа, когда они остались одни.

Он крепко поцеловал ее и весело ответил:

— Да! Погоди, что еще будет дальше...

— Мне даже страшно...

— Сама-то уж зазнаваться стала, — говорила Чиркова, идя с мужем на Петербургскую сторону, — даже противно. Разбогатей я...

— Неоткуда нам, — угрюмо сказал Чирков.

— Не иди так скоро, — уже раздражительно проговорила Чиркова, и дальше всю дорогу они шли молча.

Это были такие же бедняки, как Виталин до своего выигрыша.

Чирков бегал по редакциям журналов, продавал рисунки, виньетки и заставки, раскрашивал фотографии на деревянных дощечках и жил впроголодь, в течение жизни не имея ни разу суммы крупнее двадцати пяти рублей.

Утомленная жена его была раздражительна и криклива, двое детей — бледны и вялы.

Они жили в той же Ружейной улице и, когда пришли в свое тесное, грязное, неуютное жилище, горькое чувство охватило Марью Павловну.

Она, не раздеваясь, села на продавленный диван и заплакала.

Чирков смущенно разделся и угрюмо стал ходить по крошечной комнате, освещенной жестяной лампою...

Веревкин только что продал серию рисунков в альбом японской войны и, заработав кругленькую сумму, был менее других поражен удачею Виталина.

— Повезло парню, — добродушно сказал он, усаживаясь в сани и обнимая жену, — не бросил бы теперь работы!

— Хлопов тоже боится этого, — сказала Веревкина.

— И очень просто!..

Прошкина — раньше граверша, а теперь кассирша у товарища-фотографа — пошла в компании Хлопова, Хвоина и Прутикова и говорила без умолку.

— Вот людям счастье! Жили совсем, совсем нищими, хуже Чирковых и вдруг... я и не знала, что они могут получить наследство.

— А если бы знали...

— Давала бы взаймы! — засмеялся Хлопов.

— Я и так им никогда не отказывала, — ответила Прошкина.

— Надолго ли богатства его, — проговорил Прутиков, — вот если бы мне...

— Ты заработаешь! — и Хвоин с Хлоповым засмеялись. Они знали, что Прутиков уж пять лет пишет картину, за которую с каждым годом набавляет тысячу рублей.

Они проводили Прошкину и веселой беспечной

компанией пошли на Васильевский остров, где ютились все, недалеко от Академии.

XIII

Федор Павлович продолжал играть с той же неизменной удачей, и каждый раз подле него сидел его непременный ассистент — маклер. Жизнь Виталиных изменилась. Игра до позднего часа ночи заставляла Федора Павловича и вставать поздно, уже тогда, когда и жена, и Саша давно позавтракали.

Он лениво подымался с постели и шел в халате в столовую, где неохотно ел и рассказывал жене о вчерашней игре и своих впечатлениях.

Потом он шел в мастерскую, мастерскую только по названию. На мольберте стоял нетронутый холст, в вазе торчали пучки чистых кистей, на столиках лежали палитра и краски, — но все это не манило Виталина и, чувствуя в душе пустоту, он звал жену, брал с собою мальчугана и ехал с ними тратить деньги по магазинам или кататься.

На что он только не тратил денег! Ненужные безделки, дорогие игрушки, граммофон, лыжи, велосипед. Один раз, идя по Караванной, Виталин соблазнился и купил обезьяну, которую пришлось потом отослать в Зоологический сад.

Они возвращались только к обеду, а после обеда он спал и, наконец, уезжал в клуб.

Там, уже поднимаясь по лестнице, он оживлялся.

Его почтительно встречали лакеи, с ним радостно здоровались знакомые и незнакомые приятели, а Кострыгин — тот, который его учил, как жить, — не отходил от него и с дружеской фамильярностью поощрял каждую его прихоть.

В клубе Виталин принимал небрежный важный вид, резкий тон с прислугой и в тайнике души наслаждался общим вниманием и лестью.

Наталья Семеновна изменилась тоже.

Давно ли в тесной, холодной квартире они играли с Сашей в то время, как муж наспех, нервно кончал картину, чтобы, едва она просохнет — нести ее на продажу. Давно ли она двадцать пять рублей считала большими деньгами и радовалась, когда купила галоши.

А теперь то время бедности казалось ей уже каким-то гадким сном и, беседуя с Чирковой, она говорила:

— Мы не могли бы жить без ванны!

Чиркова удивленно взглядывала на нее и чуть заметно улыбалась.

Да, деньги меняют людей!

— Словно она поглупела, — говорила потом Чиркова мужу.

— Можно и с ума сойти, если с холода да с голода вдруг станешь богатым! — грубо отвечал муж.

Однажды, истомленный безденежьем, он пришел к Виталину, чтобы занять у него несколько рублей.

— Да, сделай милость, — радушно сказал Виталин, — вот пока двадцать пять рублей!

Чирков благодарно кивнул ему.

— Не стоит! Глупости! — ответил Виталин и, немного помолчав, он прибавил: — хочешь, я научу тебя, как разбогатеть?

Чирков вопросительно взглянул на него.

— Как?

— Попробуй счастья в картах, — тихо сказал Виталин.

У Чиркова словно открылись глаза.

— Так у тебя... — начал он и не кончил.

Виталин кивнул утвердительно и в радостном возбуждении встал с дивана.

— Да, если хочешь знать всю правду, как товарищ... выиграл! С двенадцати рублей. Какой! С одного последнего рубля, а теперь у меня тысяч пятнадцать, да все это! — он махнул вокруг себя рукою.

У Чиркова разгорелись глаза.

— Как же играют там? Виталин засмеялся.

— Этому выучишься в десять минут! Да, вот что! Я сейчас еду, — он озабоченно поглядел на часы, — поедем вместе! Попробуй!..

Чирков радостно вскочил.

— Что же, я готов!

— Ну, так и едем!

Виталин оделся, взял деньги, и они поехали.

XIV

В этот вечер черта уже не было. Он сказал своему патрону:
— Кажется, довольно! Не сорвется, на время отдохну. Не хочется трепаться больше.

— Твое дело, — отвечал патрон, — только гусь-то твой не больно важный!

— Ну, вы еще не знаете конца! — с бахвальством сказал черт и, повернувшись, пошел в свою камору.

Виталин не встретил своего приятеля, маклера, и усадил подле себя Чиркова.

— Ставь понемногу и наиграешь, — сказал он ему.

— Я в гривеннике! — по обычаю заявил вдруг появившийся Кострыгин и сел с другой стороны подле Виталина.

В этот вечер Виталин в первый раз испытал неудачу: у него срывали все банки по второму, по третьему удару.

Кострыгин нахмурился.

— Дай ответ! — сказал он.

— Попробуем! — деланно улыбаясь, ответил Виталин и взял карты.

— Ответ! — весело закричал его партнер, сорвавший все его банки, и поставил сто рублей в круг.

— Теперь, батенька, все отдадите! — сказал он, смеясь, и снова закричал, вертясь, как юла:

— Ответ! Раздача!

Виталин с отвращением взглянул на его черномазое лицо и вдруг почувствовал, что сегодня должен проиграть.

Но тут же приободрился и начал сдавать карты. Вокруг стола сразу увеличилась толпа. Со всех сторон потянулись руки, и на стол стали сыпаться деньги. Виталин испугался.

— Игра сделана! — закричал он и торопливо сдал последние карты. Затем он раскрыл их и почувствовал, как сразу его ударило в пот.

Ни одного козыря, а у всех партнеров по одному и по два!

— Комплект! — закричал кто-то весело.

— Что? Я говорил! — засмеялся партнер слева. Виталин молча достал деньги.

— Считай! — сказал он Кострыгину.

— Рублей под четыреста, — услужливо произнес тот же партнер.

— С тебя сорок, давай пятьдесят! — и, получив от Кострыгина деньги, Виталин стал рассчитываться.

— Восемнадцать рублей! Чьи восемнадцать?

— Мои! — произнес Чирков и, протянув руку, придвинул к себе тридцать шесть рублей.

Виталин боком поглядел на него и увидел перед ним бумажки, серебро и золото.

— Что, наживаешь?

— Понемногу, — ответил Чирков, не решаясь выразить своей радости при виде проигрыша приятеля.

Виталин снова взял карты. Снова посыпались на стол ставки и снова он проиграл всем.

Второй удар стоил ему семьсот рублей. Он расплатился и бросил карты.

— Довольно с меня! Кострыгин с укоризною сказал:

— Надо было на новую сдать!..

— Э, все равно! — и он с деланным равнодушием встал из-за стола.

— Что же вы? Еще бы! — смеясь, сказал ему партнер.

— С меня довольно! Тысячу пятьсот оставил!

— Место! — закричал карточник.

— Ну, теперь ему крышка, — услышал Виталин за собою голос, — все спустить!

Он усмехнулся и пошел в буфетную.

"Завтра же отыграюсь", подумал он и увидел подле себя Чиркова.

— Ну, что же ты сделал? Чирков широко улыбнулся.

— Спасибо! Вот твои двадцать пять рублей...

— Много выиграл? — радуясь за приятеля, спросил Виталин, пряча в жилетный карман монеты.

— Рублей триста! — ответил Чирков и прибавил; — с ничего!

— А я в первый вечер сделал три тысячи, — сказал, оживляясь, Виталин, — ну, сядем здесь! Человек!

Он заказал ужин и стал рассказывать Чиркову о своих удачах. Этот рассказ оживил его и ободрил.

— Сегодня в первый раз проигрываю, — сказал он. — Ну, да завтра же отыграюсь!..

— Понятно! — подтвердил Чирков. Ему было весело. Он дружеским взглядом оглядывал всех проходящих, ел за двоих и пил, не считая рюмок.

— А как я тебе благодарен! Я ведь пришел к тебе, — у меня дома ни зерна! За квартиру тянут, в лавках не дают. Дома керосина не было, ушел — их в темноте оставил! А теперь... — и он счастливо, громко смеялся.

— У меня так же было, и вдруг я домой с тремя тысячами! — ответил ему Виталин, вспоминая свой первый вечер.

Они вышли вместе и поехали по домам. Чирков представлял себе радость жены, свет, тепло, обеспеченные дни.

XV

Виталин ехал домой в смутном настроении. Проигрывать ему случилось впервые и он, словно угадывая истину, приписал этот проигрыш отсутствию маклера и подумал: "будь он — иная была бы метка!" Ряд предыдущих успехов поддерживал в нем бодрость духа, и он всю дорогу повторял себе: "завтра отыграюсь".

— Проигрался сегодня! — равнодушным тоном сказал он жене, укладываясь в постель.

Для нее это было незнакомое слово. Она сразу встрепенулась.

— Много?

— Тысячи полторы, — тем же тоном ответил Виталин.

У нее сжалось злым предчувствием сердце. Она приподнялась на локте и сказала:

— Федя, брось играть. Довольно! А то все назад проиграешь!

— Завтра же отыграюсь! — ответил он.

— Федя, милый, брось! Ну, хоть на одну неделю! — и она обняла его и прижалась к нему.

— Глупости говоришь! — сказал он резко и, приняв ее руку, повернулся на бок.

Виталин стал проигрывать каждый вечер.

Черт перестал помогать ему, но и не мешал, оставив его самого разделываться со своим счастьем, и Виталину то везло, то не везло, но в результате он — проигрывал.

Для игры в азартные игры требуется больше уменья, чем в винт или преферанс. Разыгрывать партию, зная карты и комбинации, это все равно, что решать нетрудную задачу, но рассчитывать счастье и несчастье и строить комбинации на удачах — требует почти творческого духа и всегда глубокого спокойствия. У Виталина этого не было.

Иногда карта шла и он выигрывал, но следом за этим счастье отворачивалось от него, а он не замечал этого и вставал из-за стола без рубля.

— Все! — говорил он обыкновенно, стараясь казаться равнодушным, и вокруг видел только радостные лица.

И в связи с ушедшей от него удачей к нему изменились отношения всех окружающих.

Прислуга уже не следила за каждым его движением, игроки относились к нему, как к равному, и Кострыгин, здороваясь с ним, говорил: "Ну, как дела?" и отходил, не дождавшись ответа.

XVI

Виталин проснулся часа в два дня. В квартире было мертвенно тихо. Елизавета и горничная неслышно возились в кухне, Наталья Александровна ушла с Сашей гулять, что она делала каждый день.

Виталин, едва открыл глаза, как подумал о вчерашней игре. Опять четыреста рублей. А между тем был в выигрыше рублей восемьсот.

Как это вышло? Сначала он все выигрывал, потом офицер, сидевший напротив, уговорил его войти с ним в долю на ответе и пошел открывать жиры.

Черт его дернул!

А потом он сам открыл три жира, и — готово...

И Виталин стал перебирать в уме все случаи, когда он был в выигрыше и не удерживал его. И — по мере воспоминаний — у него в груди скоплялась мучительная, болезненная горечь. "Сколько же я проиграл?" вдруг мелькнуло у него в голове и при этой мысли он вскочил, как от толчка, мигом оделся и очутился в своей мастерской.

Горничная услыхала шум и показалась в дверях.

— Вам, барин, сегодня чаю или кофе? — спросила она по обычаю.

— Ах, что хотите! Сюда!

Виталин отпер ящик стола, вынул чековую книжку, бумажник и стал считать.

Десять дней несчастливой игры и у него не хватает семи тысяч. Короче: — осталось на книжке восемь тысяч да в бумажнике триста рублей. У жены три тысячи. И все.

Он захлопнул ящик стола и, медленно отойдя к дивану, опустился на него и задумчиво обвел глазами свою мастерскую.

На мольберте стоял натянутый холст, в бокале торчали кисти, на табурете валялись палитра и краски в девственно неприкосновенной чистоте.

И Виталину вдруг стало совестно. Он покраснел и, вскочив, беспокойно заходил по комнате. Ведь не может же он, художник, опуститься до положения игрока, живущего удачей или неудачей?

— Баста! — произнес он вслух, — теперь можно и поработать.

Горничная внесла стакан кофе.

Он велел поставить поднос на табурет подле мольберта, сам сел перед ним и уставился на чистый холст.

Будет, будет картина! Ничего, что месяца три он не брал в руки кисти и безумствовал. Такие развлечения не особенно вредны. Даже необходимы. Зато, какие он перевидал рожи! Какую гамму ощущений он уследил на человеческих лицах!.. Это не пройдет бесследно.

И ему на холсте стали представляться картины. То — внутренность "CafИ de Paris" при освещении электрических фонарей, то игорный зал, то отдельные эпизоды игры, то отдельные лица. Он взял уголь и стал чертить им по холсту. Вот отставной корнет в потертых рейтузах с лицом Дон-Кихота, вот наглое лицо его приятеля, Кострыгина, еврей, армянин, а вот тот артельщик, который повесился, промотав доверенные ему деньги.

— Папа рисует! — раздался за его спиной голос Саши, и он быстро обернулся, радостный и счастливый.

В дверях мастерской стояла Наталья Александровна в каракулевой кофте, в такой же шапочке, свежая, румяная с мороза, и глядела на Виталина радостным взглядом.

Он понял сразу ее мысли и весело ответил:

— Бросил, хочу работать!

Она только засмеялась в ответ и быстро кивнула головою.

Виталин взял палитру и стал выпускать на нее краски.

— Хочешь завтракать, или подождешь обеда? — спросила Наталья Александровна.

— Подожду обеда, — ответил Виталин, смешивая краски, и взял кисть.

Наталья Александровна села подле него. Саша притащил в мастерскую складную крепость и уселся с нею на полу.

— Это все эскизы, — говорил Виталин, быстро водя по холсту кистью, — типы, которые я видел! Я изображу игру в момент азарта. Увидишь, какая будет картина! Ты думала, что уже всему шабаш? Наталья Александровна кивнула.

— Я боялась. Ты так увлекся игрою. Правда, мы от игры поправили все дела, но теперь я ее проклинала. Это гадость! Пока ты выигрывал, я не думала об этом. Но когда ты стал проигрывать... ты проигрывал чужие деньги и то — тяжело, а если это трудовые, если это последние... ужасно!..

— Ну, таких бы я не проиграл, — с уверенностью ответил Виталин.

— А в первый раз?..

Виталин подумал об этом первом разе и ему на миг стало жутко.

— Теперь Чирков выигрывает, — сказал он: — только он умнее меня. Ходит не каждый вечер.

— Она была и хвалилась. Говорила, тысячу выиграл.

— Мама, купи мне пушку! — закричал Саша, — такую, как мы видели.

— Я куплю! — сказал Виталин, быстро водя по холсту кистью.

— Это кто? — спросила Наталья Александровна, указывая на Кострыгина.

— Тот, кто свел меня в клуб. Приятель. Кажется, маклер, или какой-то агент.

— Прямо разбойник.

— Вроде этого! — засмеялся Виталин. — Я хотел еще зарисовать маклера, который помог мне тогда отыграться, и все не могу схватить его рожи. Вот так и мерещится, а на холст не дается...

— Кушать подано, — доложила горничная.

Они прошли в столовую и Виталину казалось все вокруг обновленным, возрожденным.

— Нога моя в клубе не будет! — сказал он громко. — Вечером поедем к Чиркову.

— Вот тебе и твоя удача, — сказал патрон чертенку, — чувствуешь?

— Пхе! — ответил чертенок, — это он только так... У него ничего, ничего не останется и он у нас будет... И он, и все!.. Я знал, что делал. У меня время еще есть...

XVII

Чирковы, видимо, поправились. Сам, в лохматом рыжем домашнем пиджаке, выскочил в кухню на голос Виталина и радостно закричал:

— А, наконец-то! Маня, Федор Павлович с женой!

— Сейчас! — откликнулась жена Чиркова, и в ее голосе слышалось довольство.

Виталины вошли в большую комнату. Здесь прежде стоял продавленный диван, убогий стол и плетеные соломой дачные стулья.

Теперь кисейные занавески украшали три окна, а в комнате стоял полный гарнитур будуарной мебели, и все вокруг имело уютный вид.

— Сейчас устроимся! — сказал Чирков и выбежал в кухню.

Марья Павловна в красивом шерстяном капоте (что она считала почти "шиком") вышла к гостям и, крепко поцеловавшись с Натальей Александровной и пожав руку Виталину, сказала:

— Я думала, вы и не покажетесь!

— Ну, вот! Старые приятели, чай! — добродушно ответил Виталин и спросил, невольно оглядываясь по сторонам:

— Что, Сережа работу получил?

— Да, понемногу работает, — ответила, чуть улыбаясь, Марья Павловна.

— Хорошо устроились, — сказала Наталья Александровна.

Чиркова оживилась.

— Правда? Мне эта мебель очень нравится. Теперь хоть кого принять не стыдно. Слава Богу, поправились!..

И она дружески-откровенно начала рассказывать о пережитых бедствиях и о теперешнем сравнительном благополучии.

— Ребятишек одели, сами оделись, мебель, посуда... долги по лавочкам! — и лицо ее при этом светилось радостью.

— Большой заказ получил? — спросил Виталин. Марья Павловна вдруг весело расхохоталась.

— Шутник вы! Будто не знаете? Ведь, это он все в карты выиграл!

— В карты?..

Виталин вдруг почувствовал в глубине души что-то вроде зависти и тотчас устыдился этого чувства.

— Что же, слава Богу!

Наталья Александровна сразу покраснела. Ей стало невыносимо совестно, что открылось то, что она скрывала, что, значит, знают — откуда и у них средства.

— Как же, в карты! — оживляясь, заговорила Марья Павловна, и лицо ее разгорелось. — В тот вечер, когда вы проиграли, — она улыбнулась, — он четыреста рублей принес. А потом почти каждый день — то сто, то двести, и вот опять триста принес.

— И не проигрывает? — не без зависти спросил Виталин.

— Бывает; но тогда он не идет дня три, четыре.

В это время вернулся сам Чирков, нагруженный покупками.

Прислуга уже накрыла на стол и внесла самовар. Чирков вошел и, услышав о чем идет речь, весело сказал:

— Это, Федя, повыгодней иллюстраций, да рисуночков! Годик бы так поработать и — ша-баш!

— Идите сюда! — пригласила Чиркова Виталину, отходя к столу.

— А нам — сюда!

Чирков с Виталиным остались на диване.

— Так тебе везет? — заговорил Виталин. Чирков кивнул.

— Я за стол не сажусь. Все мажусь. Сначала в этот ходил, в Немецкий, ну, да там — гадость. А теперь в Купеческий хожу. Вот там игра!

И он начал рассказывать.

— Восемь, десять столов и на всех дают "ответы". Нет такой суммы, на какую не ответили бы. Ставь хоть тысячи! Бывают комплекты по восьми, по десяти тысяч и тут же, рядом с сотенными, можешь ставить рубль. Вот там игра! Такой игры нигде нет. Недавно один прометал двадцать четыре тысячи; на другой день известный всем купец отдал пятнадцать тысяч. Люди подходили к столу с шестью рублями и отходили с сотнями.

Я проиграл все. Занял три рубля и вернулся домой с тремястами! Хочешь, я и тебя сведу туда?

— Пожалуй! — ответил Виталин.

У него всколыхнулось все внутри. В воображении ясно представились: ярко освещенный зал, столы, засыпанные деньгами, карты, лица игроков...

— Хочешь сыграем? — предложил Чирков.

— С удовольствием! — встрепенулся Виталин.

— Маня, хочешь? По полтиннику! Наталья Александровна! — и Чирков вскочил и начал устанавливать перед диваном ломберный стол.

— Ах, это так интересно! Он меня выучил! — сказала Чиркова. — Душечка, сыграем!

— Мне все равно, но я не знаю этой игры.

— Живо выучим! — засмеялся Чирков, бросая на стол карты. — Идите, берите карточку. Маня, вели подать свечи!

Он хлопотал и суетился. Марья Павловна смеялась, Виталин оживился, и Наталья Александровна подчинилась невольно общему настроению.

Они сели за стол и начали играть.

Чирков с женою горячились, но Марья Павловна выказала жадность. Виталин играл широко и без рассчета. Наталья Александровна была равнодушна. У нее тотчас отнимали и полтинник и карты, едва она начинала держать банк; но вдруг ей пришла талия. Она начала бить. Из полтинника банк вырос до четырнадцати рублей и на столе образовалась куча денег. Какое-то, неведомое доселе, острое чувство охватило Наталью Александровну. Она, вдруг, сразу поняла игру и вызывающе сказала Чиркову:

— Что же, покрывайте!

— Банк покрыт! — ответил Чирков.

— Со мной пополам, — сказала с жадностью Марья Павловна, которая сидела в первой руке.

— Идет!

Наталья Александровна сдала карты. Марья Павловна открыла козыря, а потом свои карты, и ее лицо побледнело.

— Жир!

— Взяла! — закричал Виталин, увидев у жены козыри.

Наталья Александровна придвинула к себе деньги и бросила карты.

Из полтинника — двадцать восемь рублей! Это значит, из пяти рублей было бы двести восемьдесят и всего убила она четыре карты...

Они играли до утра. Наталья Александровна выиграла восемьдесят рублей, Виталин — тридцать. Чирковы были смущены.

— Приезжайте теперь к нам играть! — позвала их Наталья Александровна.

— Непременно, отыгрываться! — засмеялась Марья Павловна.

— Ты не забудь про Купеческий, — сказал Виталин Чиркову.

— Обязательно!..

— Как это увлекает! — сказала Наталья Александровна мужу, едва они вышли на улицу.

— Еще бы!

— И — как интересно! А ты заметил, какая она жадная! У нее лицо даже пятнами пошло, когда я убила ее карты...

И Наталья Александровна без умолка говорила всю дорогу. А Виталин молчал.

Его неудержимо снова потянуло играть, испытать счастье. И когда он лег в постель, словно кто-то стал нашептывать ему про былую удачу и перед ним воскресали картины, когда он бил противников комплектами.

"Завтра схожу", подумал он. "А — картина?.."

Но картина ему не удавалась.

Заказы на копии из магазина он исполнял быстро и аккуратно. От того, что он сходит вечером сыграть в карты, упущений быть не может.

"Завтра пойду!" решил он окончательно и, повернувшись, закрыл глаза, когда жена вдруг сказала ему:

— Отчего ты не сходишь в клуб? Может, тебе опять повезет?

Он даже вздрогнул.

— Завтра схожу! — сказал он и обнял жену. — Наиграем тысяч пятьдесят, сто!..

А черт смеялся и радостно потирал руки.

XVIII

Виталина встретили в клубе, как старого знакомого. Совершенно забытые им люди подходили, жали ему руку и рассказывали клубные новости. Карточник низко поклонился и сказал:

— Я уж вам с хорошими игроками место сделаю!

— Ах, Феденька! — раздался возглас Кострыгина. И он обнял Виталина, трижды поцеловал его, потом взял за талию, и гуляя с ним между колоннами, заговорил:

— Обрадовал! Буду опять с тобой в гривеннике, может — поправлюсь. А то, совсем проигрался. Бьют и бьют. Ты сколько времени не ходил?

— Месяца три. Кострыгин засмеялся.

— Здесь все перепугались. Думали, уже совсем ходить не будешь. Ан — и ты тут!..

— Чего же боялись?

— А деньги-то, что выиграл? Их, ведь, отыграть надо.

— Ну, это как удастся, — хвастливо сказал Виталин.

— Местечко есть! — подбежав, объявил карточник. Виталин ощупал бумажник и бодро двинулся к столу. Партнеры были все те же. Он не знал ни имен, ни званий, но помнил их лица и теперь дружески поздоровался со всеми.

— Ну, будем пытать счастье! — сказал толстый армянин и, легши животом на стол, сгреб карты и начал тасовать.

Толпа мазчиков окружила тесным кольцом игорный стол. Игра началась.

Когда до Виталина дошла очередь держать банк, он почувствовал небывалое волнение. Руки его тряслись, на лбу выступил холодный пот. Банк завязывался, но по третьему удару его срывали.

— Как часы! — восклицал его визави и громче других кричал после второго удара: — После играющего!

Виталин проигрывал и отыгрывался, когда партнер с правой руки оставил место и на его стул свалился полупьяный чиновник. Он высыпал на стол деньги и кричал:

— После играющего!

— Не скандаль, Петя, будет твоя очередь, — уговаривал его другой подвыпивший чиновник — в тужурке.

— Я ничего! Я хочу сорвать банк!

— Да уже сорван! — обозлившись проигрышем, сказал толстый армянин.

Когда очередь дошла до чиновника, он поставил десять рублей и Виталин тотчас их взял. Чиновник поставил двадцать, и Виталин взял опять.

— Ответ! — заявил пьяный и бросил карты.

Ему приготовили талью, а тем временем к столу потянулись руки, и на стол со звоном посыпались деньги.

Виталин двинул на свое табло все серебро, рублей двадцать восемь, и с улыбкой взглянул на пьяного чиновника. Безусое лицо его было красно, словно налитое, глаза тупо глядели перед собою, на лоб падали волнистые волосы. Он держал волосатыми короткими пальцами карты и бормотал:

— Сколько денег? Ответ!

— Да ты замечи сперва! — испуганно поторопил его товарищ, потому что ставки все увеличивались.

— Все равно! Бью! — пробормотал пьяный и стал кидать карты. Они падали неаккуратно, и партнеры, то и дело, передвигали их друг другу.

— Комплект! — заявил пьяный, не глядя открывая свои карты, и, перегнувшись, стал собирать деньги.

— Ставьте, ставьте! — кричал он снова, кидая карты.

— Дай поставить! — говорил товарищ.

— Пусть ставят, все равно — бью! — отвечал пьяный и снова объявил: — Комплект!

Вокруг послышался ропот.

Виталин проиграл уже двадцать рублей и, с упрямством проигрывающего, двинул сорок рублей на свое табло.

— Комплект!

— Недаром говорят, что в карты надо пьяному играть, — сказал кто-то.

— Ставьте, ставьте!..

Виталин растерялся. Он не верил, что можно бить карты по шесть раз подряд, и продолжал ставить, увеличивая куши, а тот — бил и бил.

У Виталина на столе остался золотой. Он полез в бумажник и вынул последние двадцать пять рублей.

Пьяный чиновник взял два куша, сгреб деньги и с громким смехом встал из-за стола.

Виталин с растерянной улыбкой встал следом за ним и крикнул: — Место!

— А когда-то вы нас так били! — сказал ему визави.

— Я говорил тебе — не мажь! — горячился Кострыгин. — Дождался бы своей очереди и метал. Сколько просадил?

— Четыреста!

— Фью! — свистнул Кострыгин, — какую игру еще можно было бы вести...

— Ну, что? — спросила Наталья Александровна, когда Виталин вошел в спальную.

— Опять проиграл! — И он стал рассказывать, как шла игра.

Наталья Александровна слушала его, приподнявшись на подушках, и глаза ее горели.

— Понятно, не всегда удача! — сказала она: — Если бы ты дождался своей очереди, может быть, и выиграл бы.

— Кострыгин тоже сказал, — ответил Виталин.

На другой день он не мог заниматься и, одевшись, пошел к Пухлову, который торговал картинами и постоянно давал Виталину заказы на копии.

— А! — радушно воскликнул Пухлов, маленький юркий господин, с хитрыми крошечными глазками. — Хотите "Медного Змия" писать?

Виталин покачал головою.

— Нет, Захар Кузьмич, из дома выходить неохота.

— Заленились. Я слышал, разбогатели? Виталин усмехнулся.

— Было! А теперь — едва-едва что осталось.

— Тэк-с... А все — карты, — сказал вдруг Пухлов и хитро прищурился.

Виталин удивился.

— Вы откуда знаете?

— Хе-хе-хе!.. Слухом земля полнится... Говорили-с.

— Да, и карты, — согласился Виталин. — Сначала везло, а потом...

Пухлов вздохнул и развел руками.

— Это — всегда так. У меня был один знакомый. Сорок тысяч выиграл, потом проиграл и их, и казенные деньги и застрелился.

— Тьфу! — отплюнулся Виталин и засмеялся. — У меня нет казенных денег.

— Чирков тоже играет?

— Тоже.

Пухлов потер руки и засмеялся.

— Ну, ну, скоро вы все у меня работать будете.

— Я и теперь пришел за делом, — сказал Виталин и стал ему предлагать купить свою будущую картину.

Он напишет игорный зал во время разгара игры. На первом плане стол, за которым идет раздача, а рядом, — за которым бьют.

— Батенька! — воскликнул Пухлов: — да это только Репину впору...

Виталин нахмурился.

— Я ведь ее начал только. Когда кончу, тогда говорите о ней. А теперь я лишь спрашиваю: вам писать, или для другого?

— А на выставке будет?

— Непременно!

— Тогда пишите, — согласился Пухлов. — Как набросаете планы, позовите меня. Я задаток дам.

— Ну, вот это дело! — сказал Виталин и, простившись, пошел домой.

Ему казалось, что этим малозначащим договором он застраховал себя от увлеченья. Вечером приехали Чирковы.

— Ну, душечка, ставьте столик! — прямо из передней объявила Марья Павловна.

Наталья Александровна оживилась.

— Сейчас!

— А я, прости, брат, сказал и Хвоину, и Прутикову, и Хлопову, — здороваясь признался Чирков. — Затеем игру! Веревкин с женой и деньгами... Хвоин тоже получил.

Виталин засмеялся.

— Что же играть, так играть!.. А про клуб не забыл?

— Как же! — спохватился Чирков. — Приходи завтра и прямо — в кассу. Там ты уже записан. Пятьдесят копеек дашь и иди! Вот там, батенька, игра!..

— Сейчас чай подадут, а пока, если хотите, сядем! — предложила Наталья Александровна.

Виталин взглянул на жену и не узнал ее. Лицо ее раскраснелось, глаза горели, и она, видимо, волновалась.

— Играть, так играть! — согласился весело и Чирков. В это время раздался оглушительный звонок, и в передней послышался зычный голос Хлопова.

— А! Монте-Карло!.. Кто за банкомета?.. Зашли мои птенцы, Хвоин с Прутиковым, и говорят: игра у Виталина. Я не игрок, а посмотреть занятно.

— Соблазнишься!

— Ну, это врете!

— Тебе начинать, — сказал Виталин Чиркову. Чирков взял карты.

Потом пришли все остальные гости. Игра оживилась. Марья Павловна и Наталья Александровна горячились больше всех, а лица их то бледнели от проигрыша, то вспыхивали радостью при выигрыше.

— Вот это — игра! — восклицал Хлопов, выпивая четвертую бутылку пива. — Сколько в банке-то?

— Тридцать шесть рублей! — ответил Хвоин.

— И ты по банку?

— По банку!

— За всю картину? Ну, игрок! Хвоин покраснел и пробурчал:

— Это уж мое дело!

— Известно, твое, — добродушно ответил Хлопов. Они играли до самого утра...

— А в субботу к нам, — пригласила Наталья Александровна.

— Ваши гости! — ответили Хвоин и Прутиков.

XIX

Виталин пообедал и в шесть часов вечера подошел к стеклянному, закрытому с четырех сторон, подъезду на углу Фонтанки и Графского переулка. Швейцар распахнул перед ним дверь. Он поднялся в огромную переднюю, заставленную вешалками, и сразу почувствовал комфорт, солидность и богатство окружающей обстановки. С широкой лестницы спускались генерал и почтенной наружности старец. Мимо Виталина прошел доктор, которого генерал назвал профессором. Совершенно иное, чем в клубе, куда его свел Кострыгин...

Виталин подошел к конторке, за которой стоял молодой человек с торчащими ушами, назвал себя и, получив за пятьдесят копеек пропускной билетик, поднялся по широкой лестнице во второй этаж. До него, уже издали, доносился смутный гул голосов. Он вошел в огромный зал, в котором стояло с десяток громадных восьмисторонних столов. У каждого стола толпились игроки; иные переходили от стола к столу, другие растерянно ходили по залу.

Виталин остановился подле одного из столов и начал присматриваться к игре. Играли в то же экартэ.

Один из играющих метал ответный банк; прометал четыре сдачи и бросил; его сменил другой и, приготовив карты, тоже начал метать ответ.

Через толпу играющих к столу протиснулся высокий брюнет, прогнал одного из сидящих за столом, занял его место и тоже начал метать ответный банк.

Виталин сразу ничего не понял. Он увидел только, что здесь ведется едва ли не самая крупная игра, что здесь, так сказать, "игорная биржа". За столом, у самого камина, Виталин увидел тысячную игру. На столе почти не было золота, и целыми пачками лежали сторублевые бумажки.

Рыжий еврей подошел и сказал:

— Двенадцать бумажек в круг! — И на него никто не обратил внимания, словно это обычная ставка.

— Вот здесь — игра, — услышал он за собой голос Чиркова и обернулся. Чирков наскоро поздоровался с ним и ловко кинул на стол десятирублевик.

— Ставь скорее, — сказал он, — здесь раздача! Виталин бросил двадцать пять рублей. Банкомет дал один куш, и Виталин выиграл. Выиграл и Чирков.

— Говорю, раздача! — повторил он оживленно. — Вчера, говорят, он двадцать восемь тысяч раздал.

Виталин играл до позднего вечера, брал и отдавал, ходил от стола к столу и впивал в себя насыщенный ажиотажем воздух.

Потом, за ужином, Чирков объяснил ему условия игры.

Те, сидящие за столом, по очереди дают ответы. Если захочет вмешаться посторонний, то он может согнать сидящего за местом, отмеченным кружком, и метать в свою очередь. Комплекты все большие и потому редко кто держит банк один. Чаще составляется компания из двух, трех, даже четырех человек.

Виталин ушел смущенный. Он выиграл пустяки, но в первый раз он видел игру, где тысячи оборачиваются, как десятки рублей, и где можно в вечер наиграть и пять, и шесть, и двадцать тысяч!..

Он вернулся домой и рассказал жене свои впечатленья. Она сидела в постели и слушала его, полуоткрыв рот, расширив глаза.

— Двадцать, тридцать тысяч! — повторяла она тихо.

— Да, там игра! — вздохнул Виталин.

— Если бы я была мужчиной...

— Я и сам попробую счастья!..

XX

Но счастье изменило ему. Черт делал свое дело и вел его к гибели, постоянно разжигая страсть. Обреченный на проигрыш, Виталин проигрывал деньги с фееричной быстротой. Сначала ему будто везло, потом вдруг словно открывался шлюз; раз, два, три — и он поднимался от стола без призрачного выигрыша и без своих денег.

Идя домой, он размышлял и для него становилось очевидным, что, прекрати он игру после второй метки, или откажись он от компании с Верстовским, а возьми Безанкулова — он был бы с выигрышем. Эти мысли мучили его жгучим раскаяньем и в то же время поддерживали надежду на следующий раз.

Он стал угрюм и сосредоточен, но однажды, в минуту малодушной откровенности, он рассказал жене эпизоды последних игр.

— Пятнадцатого числа я, Наташа, заложил в банк семь рублей и снял шестьсот! Уйти бы, и — все! Но черт дернул меня проехать в этот Купеческий; там я дал ответ и в четыре удара отдал все и своих триста! А на другой день наиграл четыреста и тоже проиграл; потом пятьсот и — тоже! Каждый вечер я бывал в выигрыше, и все ничего! А теперь — бьют и бьют!

Помянув черта, он был более чем когда-либо близок к истине.

Наталья Александровна слушала его, затаив дыханье, и потом вдруг разразилась слезами и упреками. Лучше бы он не говорил ей этого! У него была тысяча, больше, а теперь он тащит из дома последние деньги! Если он такой дурак, что не может удержаться, он лучше бы бросил игру и занялся картиною. Пухлов приходил два раза. Вон, Чирков рассказывает, что каждый вечер он может уйти с выигрышем, а не уходит. Так надо бросить! Неужели сладка та, прежняя, ужасная жизнь?!..

Виталин слушал ее изумленный, растерянный, потом порывисто начал ее утешать.

— Наташа, перестань! Мне и самому тяжело. Поверь, тяжелее, нежели тебе. Для меня игра теперь мука. Я отыграюсь и брошу...

— Никогда ты не отыграешься!

— Отыграюсь! Вот увидишь! Теперь сделаю сто рублей и уйду. Ей Богу!..

"Так и буду играть", давал он себе слово: — "сто рублей и — баста!"

Он играл теперь во всех столичных клубах, освоившись с размерами и приемами игры в каждом клубе, и везде имел знакомых компаньонов и партнеров. В Немецком клубе он был своим человеком, но его не тянуло туда. Обилие разных темных личностей, всякого сброда смущало его. А когда один раз он принужден был играть с господином, который на следующее утро принес ему сапоги, — он совершенно оставил этот клуб.

Больше других ему нравился Железнодорожный. Прекрасное помещенье, воспитанные люди, отличная кухня, спокойная и крупная игра. Но в этом клубе ему не везло фатально.

Чаще всего он бывал в Купеческом. Этот клуб казался ему столичной ярмаркой. И крупный чиновник, и выдающийся деятель, и мелкий маклер — все толкались здесь около игорных столов и в течение дня в этом огромном зале, кажется, проходил весь Петербург. Особенно днем. Мимоходом заезжал адвокат; с репетиций до спектакля толкались актеры и певцы; к четырем часам приезжали маклеры; потом появлялись учителя в своих вицмундирах, видимо прямо из гимназий зашедшие поправить свои финансы; а к вечеру собирались уже заправские игроки с крупными суммами, с широким размахом в игре.

Участковые пристава играли, как банкиры, крупные купцы рисковали тысячами, обсчитывая в тоже время своих приказчиков.

Здесь знаменитый капитан В. наиграл четыреста тысяч и здесь же оставил их; здесь судившийся К. наиграл двести тысяч, а потом наделал подлогов и попался.

Каждый клуб имеет свои легенды, и Виталин знал их теперь все и, в случае неудач, припоминая их, поддерживал в себе надежду на выигрыш.

У него завелись чисто карточные знакомства.

Князь Тотамьянц, делающий какие-то дела в Баку и во время приезда в Петербург играющий и крупно, и мелко.

Увидев Виталина, он, сидя за столом, через всю залу кричал ему:

— А, художник! Метнем талийку! Но — небольшую! Идите сюда!..

И они метали по очереди, с переменным счастьем.

Огромный, с рожей разбойника, Верстовский, иногда имеющий сотни, иногда бродящий между столами с несколькими рублями в горсти.

Виталин поражался его умению "делать" деньги. Случалось, что с шестью, восемью рублями Верстовский начинал игру, обращал их в двести, в триста, садился за стол и вставал, имея уже тысячу. На другой день у него, обыкновенно, не было денег...

Иногда в Виталине художник побеждал игрока и он, забыв о картах, наблюдал выражения лиц, позы, приемы. Но кто-нибудь будил его возгласом: — комплект! — и он снова обращался в игрока, с упорной идеей обыграть всех. Эта идея овладевала им подчас с безумною силой. Особенно дома, после проигрыша. Он лежал, подавленный, и вспоминал в течении игры удачные и неудачные обороты. Когда он подошел к столу и взял подряд две ставки, ему надо было отойти к соседнему столу, где началась раздача. Сто рублей обратились бы через три удара в восемьсот! А когда метал, ему надо было бросить после первого удара! Стало бы тысяча четыреста...

На другой день то же, а там сесть бы за самый крупный стол и метнуть тысяч на пять, да — удара три!.. На другой день то же. В месяц можно было бы собрать тысяч сорок, пятьдесят!..

И затем он начинал распределять эти деньги и, совершенно обновленный этими мечтами, засыпал, твердо веря в победу следующего дня.

XXI

И, наконец, Виталин проиграл все. Когда он вернулся домой, Наталья Александровна спросила его:

— У тебя есть деньги?

— Нет.

— У меня тоже нет, — сказала она. — Нет даже на завтра!

Он даже пошатнулся.

— Как, ничего?

— Ничего! Ведь ты же взял у меня чековую книжку. Остались вещи.

И она опустилась в постель и молча отвернулась к стене.

Виталин горько усмехнулся. Что же? У них есть вещи, он может работать, отыграться... И впечатление ужаса у него прошло так же быстро, как наступило.

Утром он снес все свои золотые вещи и радостно удивился, когда получил за них триста рублей.

"Двести домой, сто — на игру", решил он и, веселый, вернулся к жене.

— Вот тебе деньги. Не беспокойся, проживем, — сказал он ободряюще и прибавил: — я схожу к Пухлову!

— Вечером Чирковы звали.

— Поедем к ним! — согласился Виталин. Пухлов встретил его радостным возгласом.

— Что, совсем продулись? Хотите копию?

— Я пришел говорить о картине...

— Ха-ха-ха! — засмеялся Пухлов, — о картине! Да вы ее, душечка, в век не напишете. У вас теперь силы нет. Копию — можете. Хотите копию?

Виталин рассердился.

— Приходите на следующей неделе и увидите уже весь подмалевок.

Пухлов пожал плечами.

— Что же, прийти могу. Прийти нетрудно... Виталин вышел от него.

Было три часа. Он повернул направо и машинально пошел на Фонтанку.

Верстовский метал ответ.

— Хотите треть? — закричал он Виталину.

— А сколько?

— Рублей семьдесят, — ответил Верстовский. Виталин кивнул.

— Ну, ну, ну! — весело стал приговаривать Верстовский, раздавая карты, и, открыв, сразу покраснел, как клюква, и злобно швырнул карты.

— Жир!

Ни одного козыря! Виталин отсчитал семьдесят рублей и бросил их Верстовскому. У него осталось всего двадцать шесть рублей.

Он перешел к другим столам, сделал пятьдесят рублей, потом проиграл тридцать, опять выиграл, проиграл снова и, наконец, поставил последние два рубля.

Их убили, и он пошел домой.

— Ну, что у Пухлова? — спросила Наталья Александровна.

— Говорит, что я не сделаю картины. А я вот — нарочно!

Он вдруг вспыхнул жаждой работы и, пройдя в мастерскую, взял картон, уголь и стал набрасывать план своей картины. Она вставала перед ним, ясная до мелочей, и уголь быстро ходил по картону...

В передней раздался звонок.

В мастерскую ввалился Хлопов.

— Ба! За непривычным делом! — воскликнул он, крепко встряхивая Виталину руку, и потом, вглядевшись в набросок, сказал:

— Хорошо, брат, ей Богу — хорошо! Осиль только полотно таким сюжетом, и — что твои "Запорожцы!" Ей Богу! Рожи-то какие! Сразу видишь, кто проиграл, кто выиграл. Как назовешь?

— Раздача! — ответил Виталин. И глаза его загорелись, лицо оживилось. — Видишь, он проигрывает, — и Виталин указал на банкомета, — но проигрывает не ровно, а куш или два. Потому и партнеры иные проигрываются тоже. Целая гамма ощущений!

— Да! Осиль картину и, можно сказать, ходил по этим вертепам недаром!..

Виталин сильно кивнул.

— Если бы удалась картина! — вздохнул он.

— Работать надо, — твердо сказал Хлопов. — А все, брат, иные пути для добывания денег, — только мерзость!..

Виталин покраснел. В этот момент перед ним вдруг, как живая, обрисовалась рожа его первого карточного знакомца, маклера, и он быстро, несколькими штрихами, зарисовал его на углу картона.

— Фу, противная харя! — засмеялся Хлопов. — Неужели с натуры?

Виталин почувствовал необыкновенное волнение. Нарисованная рожа, казалось, сделала ему гримасу и подмигнула.

XXII

У Чирковых играли. Марья Павловна созвала гостей, и за большим столом начался настоящий азарт. Наталья Александровна переродилась, и вся горела в игре. Ей шло неизменное счастье. Виталин глядел на нее с завистью и иногда произносил вслух:

— Вот мне бы так, да — в клубе!

Когда они возвращались домой, Наталья Александровна сказала:

— Возьми у меня пятьдесят рублей и иди завтра! Он словно воскрес. Лицо его просветлело. Он крепко обнял жену и засмеялся...

Но пятьдесят рублей были проиграны.

Деньги шли, наступал срок платить за квартиру и прислуге.

Виталин растерялся. Надо сто, сто пятьдесят рублей. Пухлов может дать вперед за копии много, если пятьдесят. В картину он не верит. Остается сыграть и добыть эти деньги. Не может же так долго продолжаться проигрыш!..

— Заложи мои золотые вещи, — сказала Наталья Александровна, отдавая мужу тяжело наполненный сафьяновый мешок.

Виталин молча обнял жену и крепко поцеловал ее. Пятьсот рублей! Это при безденежьи — крупные деньги. Виталин разделил их пополам.

— Только? — с удивлением спросила Наталья Александровна, получив двести пятьдесят рублей.

Он покраснел и отвернулся от нее.

— Я нарочно взял меньше. Чтобы легче было выкупить.

— Выкупить? — повторила Наталья Александровна. — На это, Федя, надежды нет...

— Ты не знаешь моих планов, — с раздражением ответил Виталин; но на душе его осела горечь.

Он взял набросанный им эскиз и начал его рассматривать. И вдруг рожа маклера ожила перед ним, подмигнула и, казалось, что-то прошептала.

— Что? — произнес в изумлении Виталин. Но рожа была уже неподвижна.

Виталин отбросил картон и лег на диван. В уме его воскресли вечера его первых выигрышей. Он вспомнил до мелочей все подробности и даже случай, когда он, открыв в козырях коронку, побил крупные козыри противников.

Тогда какой-то высокий бледный блондин схватился за волосы и встал из-за стола, словно вытащил себя за волосы. Виталин смеялся, а на другой день узнал, что этот господин застрелился, проиграв Виталину последние, чужие деньги.

За вечерним чаем он сказал жене, с притворным равнодушием:

— Я схожу к Хлопову?

Она вскинула на него глаза, и он сразу увидел, что она отлично понимает, что он утаил деньги от заклада и идет играть.

Он густо покраснел и встал.

В первый раз он шел играть потихоньку от жены на... ворованные деньги. Да, на ворованные, потому что и вещи ее, и он утаил истинную сумму выданных денег. Но тут же у него мелькнула мысль, что, может быть, такие деньги счастливые, и он ободрился.

XXIII

Эта была его последняя игра. Казалось, счастье улыбнулось ему снова. Сначала он проигрывал, и у него осталось всего тридцать пять рублей.

Он выставил пятнадцать рублей и начал метать банк. Банк увеличился до трехсот рублей.

Пьяный купец, известный богач, проходя мимо стола, остановился и сказал:

— Банк после играющего!

Виталин сдал карты и убил. В банке стало шестьсот.

— Банк! — упрямо повторил купец, бросая две бумажки по пятисот рублей.

— Снимайтесь, бросьте! — сказал Виталину сидящий рядом с ним господин.

Виталин хотел было снять шестьсот рублей, но слова соседа раззадорили его. Он быстро сдал карты и замер в ожидании.

На руке открылась двойка козырей. Виталин вздохнул с облегчением и открыл свои карты.

У него не оказалось ни одного козыря. Он откинулся к спинке стула и застыл с тупой улыбкой на лице.

— Небьющаяся! — промычал купец, сгребая деньги.

— Я вам говорил! — гудел сосед.

— Идите вы к черту! — грубо оборвал его Виталин и, шатаясь, вышел из-за стола.

— Место! — закричал карточник.

Виталин вышел на улицу и медленно побрел к дому. В голове его сверлила неотвязная мысль, что — вот — было шестьсот рублей, и нет их. А они давали и покой дома, и надежду на дальнейшую игру. Потом вдруг являлась мысль, что, окажись у него тройка, пятерка, что-нибудь старше этой поганой двойки, и у него было бы тысяча двести. Тогда бы он снял!..

Наталья Александровна не спала. Она сидела в постели и глядела на вошедшего Виталина с вопросом и укором.

Он опустился подле кровати на колена и глухо зарыдал...

XXIV

На другой день вечером он сидел в своей мастерской, смотря на картон. Рожа маклера улыбалась и подмигивала ему. Он тупо смотрел на нее и, как пьяница без водки, томился невозможностью идти играть. В это время в комнату вошла Наталья Александровна. Она протянула мужу сто рублей и сказала:

— Иди и отыграйся! Пожалуйста, иди. Я знаю, что ты выиграешь...

Он в изумлении смотрел на нее и не узнавал. Она была бледна, но глаза ее горели и руки дрожали. Точь-в-точь как за игрой, у Чирковых.

— Иди, иди! — повторяла она настойчиво, протягивая ему деньги.

Он радостно схватил их и вскочил, словно от пружины.

А маклер, зарисованный на полотне, корчился от смеха и так гримасничал, что картон скрипел и шевелился.

XXV

Не могу сказать с точностью, получил ли чертенок за свое дело "аттестат зрелости" с правом самостоятельно пакостить; но то, что он сделал, может видеть каждый посетитель любого клуба. Там толкутся сотни Виталиных. Им когда-то раз удалось выиграть, и призрак былой удачи властно овладел всеми их помыслами.

Это все даровитые натуры: бывшие художники, артисты, писатели, музыканты. Все — "бывшие". Теперь они работают, чтобы только получить что-нибудь, и несут эти гроши к зеленому столу, в надежде обратить их в тысячи.

Фигуры их робки и принижены, лица жалки, всегда с растерянной улыбкой, и по этим приметам вы легко отличите их от наглецов, живущих случаем у зеленых столов, как вороны — падалью.

Виталин живет теперь в одной комнате, далеко, на Зелениной улице. Пухлов заставляет его работать и платит ему тридцать рублей за то, за что платил раньше пятьдесят.

Картина Виталина осталась только в эскизе, набросанном на картоне. Фигуры и лица стерлись и потускнели, и только поганая харя маклера как будто обновляется каждый раз.

Наталья Александровна похудела еще более, черты лица ее обострились и она, забыв о сыне, играет с не меньшим увлеченьем чем муж, в Чернореченском клубе, куда допускаются и "дамы".

Я думаю, черт заслужил свою награду, потому что более пакостное дело трудно и выдумать.

Так думает и простодушная Елизавета, которая не щадит ни слов, ни красок, когда начинает изливать свои чувства перед Хлоповым, иногда заглядывающим к товарищу и помогающим ему в особенно трудные минуты.

ЧЕТВЕРТЫЙ

История одного сыска

I

На веранде роскошной дачи в Петергофе за утренним кофе сидел старый, заслуженный отставной генерал князь Чеканный, а напротив — его молодая жена, Вера Андреевна.

Вдруг князь сказал, роняя газету:

— Дергачева убили, процентщика. Помнишь его, Вера? А?

Ложка со звоном упала в чашку. Лицо Веры Андреевны покрылось бледностью, и она откинулась к спинке стула.

— Что с тобой? — тревожно воскликнул генерал. Она слабо улыбнулась и выпрямилась.

— Ничего, Валерьян, не беспокойся! Просто я услыхала слово "убили"...

Генерал покачал головою.

— Опять эти нервы! Поезжай-ка ты за границу или в наше Широкое. Ты, моя рыбка, совсем о здоровье не заботишься...

В голосе генерала слышалась вся нежность его чувства к молодой жене.

Она приветливо кивнула ему.

— Поедешь ты, и я с тобою! Ну, кого убили?

Генерал, уже успокоившись, отхлебнул кофе, затянулся сигарою и, взяв газету, стал читать вслух.

— Дергачева... Помнишь, я у него выручал векселя Павлуши? Такого армянского типа, крашеный!

Вера Андреевна кивнула.

— Ну вот его! Подле Павловска. Что-то таинственное. Нашли труп. Голова разбита топором. "Хотя при убитом оказались и часы, и перстень, и кошелек, и бумажник, — убийство все же совершено, видимо, с целью ограбления, так

115

как боковой карман пальто вывернут и даже испачкан кровью. Преступник, очевидно, вытащил из него крупную сумму, после которой не стоило уже брать кошелька с несколькими рублями". А? Вот тебе и копил денежки! Тебе дурно, Верунчик, а?

— Я прилягу, — тихо сказала Вера Андреевна, — этот случай правда ужасен. Особенно когда знали человека.

Генерал отечески-нежно поцеловал жену в лоб и оставил ее у дверей будуара.

Вера Андреевна вошла в будуар и нажала кнопку звонка. Когда вошла горничная, она сказала:

— Паша, там, на веранде, осталась газета. Принесите ее мне!

Паша вернулась с газетой.

— Оставьте на столе. Если кто придет, извинитесь. У меня мигрень.

— Слушаю! — отвечала Паша и вышла.

Вера Андреевна нашла сообщение об убийстве и стала жадно выхватывать строки глазами.

"Вчера, рано утром, сторож Павловского парка, идя к своему посту, увидел у канавы, что отделяет Царскосельский парк от Павловского, труп. По прибытии судебных и полицейских властей открыто несомненное преступление..."

А потом: "...в трупе признали небезызвестного Петербургу дисконтера, Антона Семеновича Дергачева, проживавшего в Павловске на даче. По показанию прислуги он, как всегда, вышел из дому около 10 часов на музыку и не вернулся. Следствие ведется энергично..." И все.

В дверь осторожно постучались.

Вера Андреевна вздрогнула.

— Кто? Что надо?

— К вашему сиятельству посыльный. Пакет принес!

— Положите! Дайте посыльному мелочи! И больше не тревожьте меня.

Вера Андреевна заперла дверь, взяла пакет, быстро вскрыла его и облегченно вздохнула.

Потом на миг глаза ее затуманились, но, отгоняя страшную мысль, она прошептала уверенно: "Не может быть!" — и опять надавила кнопку.

Паша вошла снова.

— Затопите камин, Паша!

II

Катя с булками и "Петербургской газетой" в руках, как сумасшедшая, вбежала в комнаты, крича:

— Барыня, барыня! Нашего Дергача убили! Вчера убили! Топором!

Молодая красивая женщина выскочила из темной спальни в одной сорочке, босиком.

— Что ты говоришь? Ты врешь? Он третьего дня был у меня!

— Ну, вот! А от нас домой, а ночью его и хлопнули! Вот, читайте! Я нарочно газету купила! Мне в лавке Авдей сказал! Вот! — и Катя сунула в руки своей барыне газету.

Барыня опустилась в кресло и развернула газету.

— Тут вот, сейчас, как отвернете!

Барыня прочла напечатанный крупными буквами заголовок: "Убийство ростовщика".

— Читайте вслух! — попросила Катя.

Барыня стала коленками на кресло, совсем склонилась к газете и стала, медленно разбирая слова, читать описание убийства Дергачева:

- "Следствие ведется с энергией. На место преступления прибыл агент сыскной полиции. Пока еще ничего не открыто, но надо ожидать, что энергия следователя и ловкость агента скоро откроют преступника".

Барыня хлопнула рукой по газете.

— Это Степкино дело, — воскликнула она, — вот чье!

— Что вы, барыня!

— А я знаю, и ты не спорь! Дай скорее кофе, и я поеду!

— Куда?

— На него показать. Вот что!

Лицо барыни горело негодованием и обидой. Она стояла перед Катей в одной рубашке, с распущенными волосами и, махая перед ее лицом рукою, кричала:

— Что ты знаешь? Коли он сам мне грозил убить его! А теперь со мною рассорился, запил... и очень просто! Давай кофе! — окончила она и скрылась в спальне.

III

Николай Николаевич Савельев, двадцати трех лет, с красивым испитым лицом, проснулся в двенадцать часов дня с тяжелой головой от беспутно проведенной ночи.

Он позвонил и вошедшему человеку приказал подать себе кофе и газету.

Николай Николаевич, или Николушка, как звала его до сих пор мать, был выгнан из всех учебных заведений, включая даже частные гимназии. Отец для приличия пристроил его в правление одного банка.

Сам Савельев, вышедший из народа, был богатейшим человеком в Петербурге и пользовался широкой известностью в коммерческом мире как делец.

Николушка лежал и читал газету, как вдруг чуть не подпрыгнул, прочитав про убийство Дергачева.

Лицо его побледнело, он бросил газету и сразу выскочил из постели.

"Вот когда пропал так пропал!" — мелькнуло у него в голове, и на мгновение перед глазами пошли красные круги.

— Только Коська и выручит, — решил он вслух и поспешно начал одеваться, волнуясь и вздыхая.

IV

Судебный следователь Виктор Иванович Ястребов встрепенулся и ожил, когда приехал на место преступления и остановился над трупом Дергачева.

Вот сколько-нибудь интересное дело и, может быть, случай выдвинуться.

На него одним глазом смотрело залитое кровью обезображенное лицо, на котором топорщились седые усы. Обнаженная голова представляла сплошную рану и теперь была вся облеплена мухами.

Письмоводитель следователя, коротенький, толстый господин с красным лицом и толстым носом, звучно высморкался в синий клетчатый платок и полез в портфель за бумагой.

Ястребов тем временем с двумя околоточными, приставом и с понятыми производил осмотр.

Труп лежал навзничь с раскинутыми руками. Следов борьбы не было видно. По белому пикейному жилету лежала массивная золотая цепь с драгоценным перстнем вместо брелока.

— А что на цепи? — спросил Ястребов.

Околоточный осторожно вытащил оба конца цепи, и на одном оказался шагомер, а на другом тяжелые мозеровские часы.

— Ограбления нет!

— А это? — сказал пристав и указал на пальто. Левая пола его была откинута, и по ее светлой подкладке проходила кровавая полоса до бокового кармана, который был вывернут.

— Очевидно, из кармана поспешно выдернуто что-то, — сказал пристав.

— Да! да! Очевидно, — подтвердил следователь. — Ну, пишите, Севастьян Лукич, а вы, доктор, делайте свой осмотр. Личность опознана? Кто опознал? Молочница! Отлично! Ну, пишите!

Доктор стал исследовать рану. Удар, видимо, раздробил череп, и от удара лопнул и вытек левый глаз. Смерть была моментальна.

— Чем его убили?

— Тяжелым и острым. Топором, но только небольшим, с силой необычайной.

— Запишем! — сказал Ястребов.

— Больше ничего? — спросил пристав. — Можно отнести труп на квартиру?

— Да! Только осмотреть все карманы!

Сторож нагнулся и стал обыскивать по очереди карманы убитого.

Часы, шагомер, цепочка; в жилетке перочинный нож; в брюках кошелек и портсигар; в пиджаке бумажник и записная книжка, носовой платок. Все.

— Соберите все и завяжите в платок. Я осмотрю после. Теперь можно унести труп. Кто знает квартиру?

Ястребов кивнул письмоводителю и в сопровождении околоточного направился к квартире Дергачева.

V

Ястребов расположился в небольшом кабинете Дергачева за его письменным столом, уселся плотнее в кресле, закурил и сказал:

— Начнем! Пожалуйста, — обратился он к околоточному, — соберите — сторожа, который нашел труп, молочницу, что опознала труп, прислугу покойного и дворника. Начнем с них!

Околоточный ввел сторожа.

Следователь услыхал рассказ о том, как сторож шел к своему посту, увидел труп и поднял шум:

— Зовите молочницу!

Молочница только опознала труп.

— Зовите прислугу!

Лукерья вошла, и следователь при взгляде на нее невольно улыбнулся, столько в ней было задорного и чувственного.

— Как звать? Кто? Откуда? Года?

— Лукерья Анфисова, крестьянка Лужского уезда, двадцать лет, девица, православная, родители в деревне.

— Ну, расскажи, что он в этот день делал, куда ушел? Был ли у него кто, не ждал ли он кого? Все говори!

Лукерья рассказала.

— Так. Ну, а как жил он? Может, у него враги были? Была ли у него женщина? Расскажи все про его жизнь.

— Жили они оченно даже тихо. Редко, коли кто у них бывал. Разве по делу, больше богатые господа приезжали. А что, женщина у них есть. Караваева, Марья Васильевна. Племянник тоже есть. Только они его от себя прогнали совсем.

— За что?

— Поссоримшись были. Племянник пьет и, как напьется, сейчас его ругать. Жидом зовет, процентщиком и всяко! А им неприятно.

Глаза следователя сверкнули.

— Вот! А кто он? Как звать его?

— Господин Трехин, Степан Петрович. А что делает, не знаю. И где живет, не знаю. Озорник!

— Ну, что еще показать можете?

— А больше ничего не знаю!

— Идите! Кто там еще? Дворник? Зовите дворника!

Но вместо дворника в комнату вошел среднего роста, крепкий, с энергичным, умным лицом господин.

Следователь вопросительно взглянул на него.

Вошедший галантно поклонился ему и сразу выяснил свою личность:

— Присланный из Петербурга агент — Алексей Романович Патмосов.

Лицо Ястребова приняло приветливый, но и начальнический вид.

— А! Очень рад! Отлично, помогите нам! Я сейчас кончу

последний опрос дворника! А вы бы на место преступления сходили.

— Я уже был, — ответил Патмосов.

— Ну, и отлично! Там, собственно, ничего существенного. Так я продолжаю!

— Прошу! — сказал Патмосов. — А мне позвольте найденное при убитом.

— Пожалуйста! На том столе!

Патмосов присел к столу, развернул узел и начал методически осматривать каждую вещь. Околоточный ввел дворника.

VI

Алексей Романович Патмосов являлся сыщиком по призванию, и сам Иван Дмитриевич Путилин, наш российский Лекок, отличал его за исключительные способности и остроумие.

В настоящее время этого Патмосова знают все, кому он нужен.

Он уже не служит агентом, занимаясь розысками по просьбе частных лиц, но к нему нередко обращается и сыскная полиция в затруднительных случаях.

VII

Следователь обратился к дворнику с обычными вопросами и в заключение спросил:

— Ну, что вы можете показать?

Дворник, молодой парень в новых сапогах, переставил ноги, переложил в другую руку фуражку и сказал:

— Так что барин как барин. За дачу заплатил сразу. Мне тоже платил аккуратно, только скупехонек был. Я ему переносил мебель, так он всего двадцать копеек дал, а обыкновенно рупь дают...

— Бывал ли у него кто-нибудь?

— Так что не замечал. Был тут два раза такой молодой господин, опять, евонная барыня была раз, а то никого.

— Ну, больше ничего! — хотел подвести итог следователь.

— Позвольте еще один вопрос, — мягким голосом произнес Патмосов.

Следователь с неудовольствием взглянул на него и сухо сказал:

— Пожалуйста!

Патмосов обратился к дворнику:

— Скажи мне, голубчик, у Лукерьи, что здесь служит, никого нет? Ни брата, ни кума?..

Дворник широко улыбнулся.

— Как же без этого быть! При ей питерский состоит. Как барина нет, так он и здесь!

— А кто он?

— Говорит, слесарь, а звать Прохором. Ухарь.

Следователь насторожился и быстро вмешался в допрос.

— Говоришь, он часто бывает? Когда был последний раз?

— А вчера; весь день. Барин ушел, а через полчаса времени она его до калитки проводила.

— Барин знал про него?

— Нет! Он словно сам путался с Лукерьей, так она прятала своего-то.

— Иди!

Дворник поклонился и вышел.

— Вы теперь еще раз Лукерью спросите, — предложил следователю Патмосов.

— Да, да, я это хотел! Позовите прислугу! — распорядился следователь.

Теперь, когда вошла Лукерья, он уже не улыбался ей и принял суровый вид.

— Я позвал вас снова, — начал он, — чтобы спросить, кто такой этот Прохор, который к вам ходит, где он живет и когда он был у вас в последний раз? — при этом он испытующе посмотрел на Лукерью.

Лукерья сразу изменилась в лице, но через мгновение оправилась.

— Земляк мой. Вот и ходит. А был вчерась и ушел, когда барин спал. Торопился на восемь часов.

— Как его фамилия, и где он живет?

— Резцов фамилия, а живет в десятой роте, у Селиванова.

— Номер дома знаете?

— Дому четырнадцать, а квартире тридцать восемь.

Патмосов написал на бумажке несколько слов и через письмоводителя передал Ястребову.

Тот прочел и сказал околоточному:

— Введите Копытова!

Околоточный снова ввел дворника. Лукерья исподлобья взглянула на него, и на лице ее выразилась тревога.

— Скажи точно, когда ушел с дачи этот Прохор? — спросил его следователь.

Лукерья стала белее бумаги.

— С полчаса после барина. Так что уж десять часов пробило.

— И врешь! — вдруг резко сказала Лукерья. — Это ты из ревности брешешь! Восьми не было!

— Говори! Я ж видел, как ты его провожала, а раньше того барин вышел.

— Врет он, господин судья, — заговорила Лукерья с яростью, — с ревности часы спутал.

— Да уж темно было, а в восемь разве темно?

— И темно не было!

— Ну, будет, — остановил их следователь, — идите!

Они вышли, переругиваясь.

— На сегодня все! — сказал следователь. — Собирайтесь, Севастьян Лукич! Ну, что вы нашли, что скажете? — обратился он к Патмосову.

Патмосов встал.

— Сейчас ничего не могу вам сказать, а завтра что-нибудь выяснится.

— Так, так! Завтра уже ко мне в камеру пожалуйте! Я там буду!

Патмосов поклонился.

— А за Прохором что-то есть! Кажется, мы на следу! — сказал следователь.

VIII

Ястребов ходил по своей камере, которая помещалась в его квартире, в Царском, и говорил письмоводителю:

— Мы должны с вами разыскать убийцу. Это первый интересный случай в моей практике. А то все воровство, кража со взломом, пьяные мазурики, мужичье. Этого же весь Петербург знает. Да!

— Господин Патмосов, — доложил сторож.

— Зови, зови! — закричал Ястребов и встал с кресла навстречу сыщику. — А, здравствуйте! Садитесь. Что новенького?

Патмосов поздоровался с ним, с Флегонтовым, сел и сказал:

— Да особого ничего; так, общие приметы...

— Ну, ну, поделитесь.

— Вот-с как мне пока представляется убийство...

Патмосов закурил и начал рассказ:

— Убитому Дергачеву кто-то назначил в этом месте свидание ровно на десять часов вечера. Дергачев, как вам известно, вышел сам около десяти и прямо пошел на свидание, придя с опозданием минут на десять. По-видимому, он кого-то встретил на дороге и пошел медленным шагом. Его встретил высокий, крепкий и нервный господин, и они стали о чем-то беседовать, спорить, снова беседовать. Потом спор обострился.

Нетерпеливый господин не выдержал. Трах! И готово! А когда убил, то выхватил из его кармана то, что нужно, и ушел.

Следователь слушал его, кивая головою и слегка улыбаясь.

— Так, — сказал он. — Отлично! А чем ударил этот господин Дергачева, и что он вытащил из его кармана?

Патмосов засмеялся.

— Я не ясновидец! Впрочем, ударил он его чем-то вроде топорика. Может, косарем.

— А что украл?

— Бумаги! — уверенно ответил Патмосов. — Только не деньги. Видите ли, этот Дергачев ничем не брезгал и любил нечистые векселя. Так вот... такие векселя. А может, и деньги!...

— Может, деньги, может, не деньги, — усмехнулся следователь. — Так! Ну, а откуда у вас все эти подробности, дорогой...

— Алексей Романович, — подсказал Патмосов. — Какие подробности?

— Виноват, простите! Да вот насчет времени, роста, нетерпения и прочая.

— Это пустяки, — улыбнулся Патмосов, — вы сейчас сами увидите. У покойника оказался шагомер в кармане, а на шагомере значится пять тысяч семьсот шагов. Я стал мерить. От дачи убитого до мостика, что ведет в парк, ровно три тысячи двести шагов, то есть минут двадцать ходу, а так как он вышел совсем перед десятью, то, значит, пришел минут на десять-пятнадцать после десяти. Ясно?

Следователь кивнул.

— А что тот ждал в нетерпении, так видно по окуркам папирос. Он грыз их и подле мостика набросал целую кучу. Характерные окурки! — и Патмосов положил на стол сверток бумаги, в котором оказалось штук двадцать папиросных окурков. Они были с непомерно длинными мундштуками, причем самые мундштуки были изгрызаны. — Я их вчера собрал, — заметил Патмосов. — По дорожке валялись, а у мостика штук десять. Понятно, нетерпеливый.

— Ну-с, а рост?

— Да Дергачев роста среднего, а тот его по темени бил!

Очевидно, высокий. Теперь дальше-с. От ворот до мостика я сосчитал девяносто шагов, а осталось, по шагомеру, две тысячи пятьсот. Вот они и ходили взад и вперед. Раз тридцать, а что иногда останавливались — видно было опять по окуркам. В ином месте вдруг три окурка.

— Что же вы думаете? — спросил следователь.

— Я бы пересмотрел его бумаги и записки. Быть может, там какой-нибудь намек. Вы смотрели бумажник?

— Смотрел; семьдесят пять рублей и три письма от какой-то любовницы.

Патмосов промолчал, потом сказал:

— Вы позвольте мне их?

— Сделайте одолжение. Севастьян Лукич, дайте! Ну, что вы еще узнали?

Патмосов осторожно взял три почтовых листика, уложил их в свой бумажник и ответил:

— Насчет Лукерьи и Прохора... Оба хороши, Лукерья судилась за кражу у барина на одном месте, где она служила. Но была оправдана, а этот Прохор два раза в тюрьме сидел за кражи.

Следователь вскочил.

— И вы молчали! Вот вам и убийца! Арестовать его, и все!

— Ваше дело, — сказал Патмосов.

— И думать нечего! Вот вам приказ. Пожалуйста! Заодно и обыск у него сделать, и сейчас же его ко мне переслать!

Догадливый Флегонтов уже написал постановление и подал Ястребову. Тот подписал бумагу и передал ее Патмосову.

Патмосов встал.

— Так я пойду!

— Пожалуйста!

В это мгновенье вошел сторож.

— Барыня вас видеть хочет. Сказывает, насчет убийства!

— Проси! — быстро сказал следователь и обратился к Патмосову: — Вы останьтесь!

Патмосов поклонился и отошел в угол камеры, где сел на стул.

В то же время в комнату порывисто вошла пышно и безвкусно одетая дама и обратилась к следователю:

— Вы господин следователь?

— К вашим услугам! — галантно ответил Ястребов, подавая стул.

— Который по убийству Дергачева?

— Совершенно верно!

— Я знаю убийцу! — сказала дама и, стукнув зонтиком, вызывающе оглядела стены камеры, следователя, письмоводителя и скромно сидящего Патмосова.

IX

Следователь смутился.

— Сударыня, это так важно! Вы позволите записать?

— Пишите, мне все равно! Как только Катя мне сказала, я сразу! Я его не боюсь, мерзавца...

Следователь мигнул письмоводителю и заговорил:

— По порядку, сударыня. Имя, отчество, звание и все прочее?

— Знаю, знаю! Звать меня Караваева, Марья Васильевна, кронштадтская мещанка, сирота, православная, двадцать четыре года, цеховая портниха. Вот и все! Довольно?

— Великолепно, — улыбался следователь, — теперь что вы имеете передать по делу об убийстве Дергачева?

— А кто убийца! Видите ли, я прямо, — начала она, оборачиваясь то к Ястребову, то к Флегонтову, я прямо скажу, что была на содержании у Дергачева. Скупой был покойник. Правда, возил гулять, платья дарил, вещь, коли заклад просрочен...

— Как? Он под вещи давал?

— А то как же! По клубам больше. Проиграются и закладывают.

— Так. Продолжайте.

— А денег всего сто рублей давал. У него племянник Степан Петрович Трехин. Только совсем разбойник. Пьет и буянит. Я уж вам всю правду говорю. Я попуталась с ним и даже денег ему давала, только с ним одно горе. А тут он с Дунькой связался. Да! Она у Коровина на содержании. Так вот. Этот Дергачев, покойник, царство ему небесное, раз мне и говорит: "Никого у меня нет. Люби меня крепко, а я на тебя все отпишу". Вот как я поссорилась со Степкой, и скажи ему это. Как он зарычит, как вскочит! "Да я, — кричит, — убью раньше того!" И убежал. Это в субботу было, а нынче читаю — и убил! Понятно — он!

Она порывисто перевела дух.

Наступила тишина. Флегонтов торопливо подал бумагу следователю.

Ястребов прочел вслух показание.

— Теперь подпишите его!

— С удовольствием.

Она сняла перчатку и старательно вывела свою фамилию.

Потом встала, взяла зонтик и сказала:

— Я вас очень просить буду поискать завещание.

— Есть, так отыщем! Ваш адрес?

— Поварской, дом пять!

— В случае чего мы вас потревожим. А Трехина адрес?

— Жил на Невском, пятьдесят четыре, в меблирушках, а сейчас не знаю!

— Благодарю вас!

— А убил он, это я знаю!

Караваева сделала общий поклон и, шурша юбками, вышла.

— Ну, что вы думаете? — спросил следователь.

— Разузнать надо, — сказал Патмосов.

— Непременно! Севастьян Лукич, напишите повестку Трехину.

— А как насчет Прохора Резцова? — спросил Патмосов.

Следователь развел руками.

— И не пойму! Вот история! Понятно, арестуйте. Что на него смотреть! Не он — отпустим! Теперь у нас двое.

X

Трехина искать не пришлось. Он приехал в квартиру убитого дяди и тотчас начал распоряжаться в ней как хозяин.

Это был господин лет тридцати трех, с типичной наружностью отставного поручика-скандалиста.

— Где ключи? — спросил он у Лукерьи, едва вошел в комнату.

— У следователя и пристава. Пришли, все описали, печати присургучили и ушли!

— Так! А ты стащить много успела? А? Ха-ха-ха! Ну, там я с ними поговорю! А теперь устрой закуску и водки! Скоро!

Лукерья засуетилась готовить завтрак новому барину. Он прошел в спальню, где, не снимая сапог, растянулся на дядюшкиной постели. Лукерья принесла ему завтрак.

— Свои истратила, — сказала она.

— Ничего, сквитаемся, — ответил Трехин и, обняв ее под колени, привлек на постель.

— Ну, говори, старый хрыч путался с тобою? А?

— Что это вы, какие глупости! — кокетливо усмехнулась Лукерья, оказывая ему слабое сопротивление.

— Рассказывай! Он ко всякой бабе, как муха к меду! Машка была?

— Была. К следователю ездила и на вас показала, а потом сюда.

— На меня? Что на меня?

— А что вы дядюшку своего убили! — сказала Лукерья.

Трехин выпустил ее и вскочил.

— Это она на меня! Ха-ха-ха! Со злости, значит. От великой ревности. Ну, уж и оттреплю я ей шиньон! Будет знать Степана!... А что ей наследство улыбнулось — это верно!

— Она сказывала, что он уже написал.

Трехин опять вскочил и вытаращил глаза, словно подавился куском.

— Врет! — заревел он через мгновение и вдруг, схватив фуражку, вихрем вынесся из комнаты...

Следователь только что окончил обед и собирался отдохнуть, когда слуга доложил ему о господине, который непременно хочет его видеть.

— Обязательно и непременно! — раздался сиплый голос, и в комнату вошел Трехин.

Ястребов встал и вопросительно посмотрел на него.

— Трехин! Степан Петрович, оговоренный девицей Караваевой в убийстве своего дяди и, между прочим, пришедший узнать о наследстве, так как нет ни гроша! А по оговору готов отвечать.

Ястребов на мгновение растерялся.

— Простите, теперь неслужебное время, и по делу я вас прошу прийти ко мне завтра к одиннадцати часам.

— Очень хорошо!

— Что же до наследства, это меня не касается. На ввод есть законный срок, а до той поры все у судебного пристава.

Трехин словно опомнился.

— Очень хорошо! Прошу извинить! До завтра! — и, щелкнув каблуками, он повернулся и вышел.

Ястребов лег на диван.

— Чушь, — сказал он вполголоса, — убийца так открыто не появился бы. Просто баба из ревности наплела... Однако рожа разбойничья, — через минуту пробормотал он, — в уголовной практике встречаются всякие наглецы... Завтра выясню, — решил он и закрыл глаза.

Патмосов вышел из вагона и, не заходя домой, направился в меблированные комнаты на Невский, в дом пятьдесят четыре.

— Где здесь живет Трехин? — спросил он дворника.

— А в номере шестнадцать, у Анфисовой. Вон лестница направо, — указал он.

Патмосов поднялся по лестнице, остановился у квартиры No 16 и позвонил.

Незапертую дверь открыли, и Патмосов увидел высокую старуху с нечесаными волосами и выпученными глазами.

— Трехин, Степан Петрович, дома? — спросил он.

Старуха энергично тряхнула головой.

— Третий день нет. Как ушел, так и нет. Вам что?

— Дело есть. Позвольте ему записку оставить.

— А, сделайте милость. Войдите к нему. Вот дверь направо!

Патмосов отворил дверь и вошел в типично меблированную комнату.

Он подошел к письменному столу и присел. В комнате появилась старуха и спросила его:

— Вы кто же будете? Из приятелей?

Патмосов кивнул.

— Чай, по "Зеленому якорю"? — сказала снова старуха и продолжала: — Его нет, а в газетах пишут, что его дядюшку ухлопали. Наследник теперь. То-то начудит!

— Не без этого! — вставил Патмосов.

Старуха подошла ближе и понизила голос:

— А он-то его ругал да поносил! Как напьется, так и ругать его! Тут в субботу вернулся пьяный-пьяный и ну кричать: "Убью я его, пса старого!" Даже страшно. Ан и накликал!

Патмосов встал.

— Я лучше зайду завтра!

— А записку?

— Нет, я уж на словах.

— Как знаете, а коли его завтра не будет, объявку сделаю и комнату сдавать буду. Ну его!

Патмосов отправился в сыскное и попросил найти Резцова, дав его адрес.

— Просто сыскать?

— Да! И если он есть на квартире, известить меня, а нет — поискать по городу и тоже меня известить. Арестую я сам!

Дома Патмосов достал бумажник, вынул из него три почтовых листика и начал внимательно прочитывать их.

Это были три письма, писанные, несомненно, одной и той же женщиной к любимому человеку, и для Патмосова, по мере чтения их, становилось ясно, что процентщик не может получать таких писем.

Первое письмо начиналось воплем любящего сердца: "Сережа, не мучай меня так безжалостно!" Дальше шло страстное объяснение в любви и опять просьба не говорить о чем-то — "об этом".

"Я не могу решиться на это никогда, никогда, — читал Патмосов. — Он для меня отец, я для него дочь. Могу ли я надругаться над его чувством и оставить его одинокого! Я и так считаю себя подлой, подлой. Не мучай же меня, Сережа, и не говори мне об этом", — оканчивалось письмо, и после него подпись: "Твоя В.".

Второе письмо касалось ребенка — "маленького нашего Сережи".

"Я была вчера у него", — написано было дальше, и следовало восторженное описание младенца.

И, наконец, третье — не письмо, а записка: "Бога ради, съезди туда и сегодня же сообщи мне, что с С.? У нас прием, и я как арестованная. Бога ради!"

И все.

Как они попали в бумажник Дергачева? Кто этот Сережа, эта В.? И что-то подсказывало Патмосову, что в этих письмах тайна убийства.

XII

Следователь еще спал, когда наутро следующего дня к нему приехал Патмосов и прямо прошел к нему в спальню.

— Вы извините меня, что я прямо лезу, но времени мало, — здороваясь, сказал он лежащему в постели Ястребову.

Ястребов встрепенулся.

— Что-нибудь новое?

— Резцова арестовал.

— Что же? Он?

— Сказать не могу, но странного много. Двадцать седьмого он ушел из квартиры и не показывался в ней. Я отрядил искать его по всем вертепам, и вот на Подольской, в непотребном доме, его нашли совсем пьяного. Он угощал компанию и хвастал деньгами. Я приехал и арестовал его. Свез в отделение к нам, и там у него нашли четыреста рублей и серебряный портсигар с монограммами.

— Спрашивали? — быстро спросил Ястребов.

— Украл, несомненно, но путает. Что был у Лукерьи, сознается; а где ночь провел — не указывает.

— Ну вот! Понятно, он убил! — воскликнул Ястребов. — Где же он?

— Вам его сегодня к одиннадцати часам доставят.

— Вы будете?

— Нет, я хочу на похороны сходить.

Ястребов стал одеваться, а Патмосов собрался уходить.

— Вот найденное у него и протокол обыска, — сказал он, кладя на стол деньги в засаленном кошельке и массивный портсигар.

— Из залогов, верно, — предположил Ястребов.

— Вы позволите взять его на несколько часов? — попросил Патмосов.

— Пожалуйста!

Патмосов ушел, а Ястребов напился чаю и прошел в камеру.

Флегонтов был уже на месте.

— Ну, Севастьян Лукич, — весело сказал Ястребов, — убийца-то, кажется, у нас. Сейчас приведут

— Кто же это, Виктор Иванович?

— А Резцов, слесарь Резцов!

— Патмосов то же говорит?

— Он и арестовал. Да что он! Знаете, они все сыщики только, как ищейки, если их по следу пустить. А чтобы додуматься до истины...

В этот момент дверь распахнулась, и в камеру в сопровождении сторожа ввалился Трехин.

— Вот и я! Честь имею кланяться!

Ястребов сердито посмотрел на него и строго сказал:

— Надо было доложить о себе, а не врываться.

— Я и не врывался, а если ваш сторож свою цигарку курит, мне некогда ждать. Я хочу еще на погребенье поспеть.

— Садитесь! — сказал ему Ястребов.

— Сел! — Трехин опустился на стул, вытянул ноги и закурил папироску.

— Рекомендую вам говорить только правду, — предупредил Ястребов и предложил обычные вопросы.

— Трехин, Степан Петров, православный, тридцати четырех лет, холостой, дворянин, поручик в отставке. Вот! Под судом не был, у следователя впервые! — Трехин затянулся папироской.

— Так. Так вот, некая девица Караваева обвиняет вас...

Трехин резко повернулся на стуле.

— В убийстве дяди! Ха-ха-ха!

— Что вы можете сказать по этому поводу? — сухо спросил следователь.

— То, что она — дура! Захоти я, и она сегодня же придет к вам и будет клясться, что наплела, но мне плевать!

— Однако вы не любили своего дяди?

— За что любить? Жид, закладчик.

— Вы грозили убить его?

— И не раз! И убил бы, если бы на момент попал, — сверкая глазами, ответил Трехин.

— Гм... И вот он убит... Где вы были двадцать седьмого числа?

— Разве я помню!

— Ну, постарайтесь припомнить. Припомните хотя, были вы в Павловске или нет?

— В Павловске? Был!

— И поздно уехали?

— В час ночи.

— И дядю видели?

— Видал.

— Где?

— На вокзале. Он шел и разговаривал с одним молодым человеком. Пошел мимо театра, по дороге к павильону.

Следователь быстро переглянулся с Флегонтовым.

— Ну-с, а вы, значит, сзади шли.

— Да, — угрюмо ответил Трехин, — я с ним говорить хотел.

— И что же?

— Не дождался, когда он кончит, и бросил их.

— Куда же вы пошли?

— А это уж мое дело, — резко ответил Трехин.

— Совершенно верно. Потрудитесь подписать ваши показания.

— С полным удовольствием! — и Трехин с росчерком подписал свою фамилию. — Извольте!

— А теперь, господин Трехин, — сказал следователь, — я вас должен арестовать и препроводить в тюрьму!

Трехин вскочил и исступленно завопил, таращa глаза:

— Что ж, вы мне не верите? Дворянину не верите? По оговору девки я - убийца?

— Пожалуйста, не кричите! — сказал Ястребов. — Возьмите его! — приказал он вошедшей тюремной страже.

Трехин хотел что-то сказать, приостановился, но вдруг с отчаянием махнул рукою и вышел из камеры. В эту минуту вошел городовой с рассыльной книгой.

— А! Резцова привели?

— Так точно-с! — ответил городовой, подавая книгу Ястребов расписался.

— Впустите его!

В камеру широким шагом вошел Резцов и остановился у порога с видом привычного ко всему человека.

Это был парень лет тридцати, типичный мастеровой, в высоких сапогах и пиджаке поверх парусиновой грязной блузы.

— Вас вчера задержали в доме терпимости на Подольской улице?

— Так точно.

— Кутили?

— Так точно.

— На какие же деньги?

— Нашел. Шел это ночью по Загородному мимо полка и нашел. Лежит папиросница. Я ее взял, а в ней деньги.

— Так. Лукерью Анфисову вы знаете?

— И очень даже хорошо. Земляки.

— Когда вы у нее были в последний раз?

— Позавчера, двадцать седьмого числа.

— И пробыли?

— Так часов до восьми. На восьми уехал.

— А не поранее?

— Никак нет. Спросите ее.

— Хозяина Дергачева вы видели?

— Не видел. Лукерья ходила в комнаты. Он обедал, потом спал.

— Так что вы ушли после него?

Резцов чуть улыбнулся и ответил:

— Зачем после, когда в восемь часов?

— А он ушел в котором часу?

— А я — то почем знаю! — уже резко ответил Резцов.

— Пока довольно, — сказал следователь и приказал увести Резцова.

— Господин просят войти, — сообщил сторож и подал Ястребову карточку.

Ястребов прочел: "Карл Эмильевич Розенцвейг".

— Проси!

137

В комнату вошел маленького роста, седой старичок, одетый в длинный нанковый сюртук, с тростью в руке.

Он церемонно поклонился, сел и, обернувшись всем корпусом к Ястребову, заговорил:

— Я за убийств господин Дергачев прошу взять господина Савельев. Да! Молодой господин Савельев. Николай Николаич! А почему? Господин Дергачев и я с ним давали денег под вексель, под гут вексель. И Савельев давал два вексель на тысячу двести рублей и брал у нас деньги. А потом мы узнал, что его папаша не давал свой подпись.

— Значит, этот Савельев дал вам с чужой подписью вексель?

— Ja![1] С подписом отца, коммерц-советник Савельев.

Следователь кивнул.

— Ja! — продолжал немец. — А двадцать восьмого им был срок, и я видел, как Савельев этот был в Павловск и ловил Дергачев и был пьян. Это он убил его и взял вексель!

— Завтра я осмотрю бумаги покойного, и если этих векселей не окажется, я приму к сведению ваше сообщение.

— Пожалуйста! Это очень дурной молодой человек! Николай Николаевич, сын Савельева, свой дом на Гороховой, у Красного моста. Это он сделал!

Немец встал, торжественно откланялся и вышел. Ястребов вскочил с кресла.

— Вот вам и третий! Что вы скажете?

— Трудное дело, Виктор Иванович, — вздохнув, сказал Флегонтов. — Запутанное дело!

XIII

Патмосов подоспел к выносу тела.

Мимо него пронесли гроб и прошли немногие из

---

[1] Да! (Нем.).

провожавших, какие-то женщины и между ними Марья Васильевна. Лукерья собиралась запереть двери и идти тоже, когда Патмосов нагнулся и как будто поднял с порога серебряный портсигар.

— Смотри, обронил кто-то!

Лукерья взглянула на вещь и побледнела. Дверной ключ упал у нее из рук.

— Узнала? — тихо сказал Патмосов.

— Ничего не узнала! — грубо ответила Лукерья. — А напугали вы меня!

— Ну, так моя находка, — усмехнулся Патмосов и пошел к кладбищу.

Скоро он догнал процессию и зорко осмотрелся, но ничего из того, чего он ждал, не увидел.

Он дошел до кладбища, был в церкви и уехал домой с твердым решением отыскать "Сережу" и "В.".

XIV

На другой день Патмосов, еще лежа в постели, получил от Ястребова телеграмму, которой тот звал его к себе.

— Ишь его разбирает, — усмехнулся Патмосов и, отложив письмо в сторону, стал одеваться.

В это время раздался звонок, и в комнату Патмосова заглянула прислуга.

— Вас один барин повидать хочет! — сказала девушка.

— Проси! — Окончив туалет, Патмосов вышел в свой рабочий кабинет, куда уже входил пожилой господин, одетый с изысканной простотой.

— Алексей Романович Патмосов?

— К вашим услугам!

— Я к вам с рекомендацией от Ивана Дмитриевича, — сказал гость. — Выручайте, а я уж не обижу!

139

Гость протянул визитную карточку Путилина, на которой Патмосов прочел просьбу оказать всякое содействие подателю.

— Чем могу служить? Садитесь!

Гость опустился в кресло.

— Меня зовут Николай Поликарпович Савельев. Может, слышали?

Патмосов поклонился с улыбкою.

— Как же не знать Савельева!

— Известно вам, что у меня есть сын?

Патмосов кивнул.

— И о нем все известно?

— Не у дел, любит кутить, тратить...

— Сегодня, в шесть часов утра, я побывал у его приятеля, большого мерзавца, Константина Дмитриевича Носова. Ну-с, так тот объяснил, что сын мой дал этому Дергачеву с моей подписью векселей на тысячу двести рублей, получив восемьсот рублей, и двадцать седьмого, заметьте, был у него в Павловске, а двадцать восьмого им срок. Вот и все.

— И вы думаете?..

Савельев вытер платком вдруг вспотевшее лицо.

— Ничего не думаю и всего ожидаю. Так вот, просьба. Расследуйте это дело и, если можно, спасите мальчишку! — Савельев взял за руку Патмосова.

Патмосов сочувственно пожал его руку и ответил:

— Будьте покойны, по простому подозрению его не привлекут. Я выгорожу. А теперь вы можете взять его на поруки. Я сейчас еду в Царское.

Савельев встал.

— Я не забуду вам этого!

— Глупости! — ответил Патмосов, провожая гостя до самых дверей.

"И с чего он схватил Савельева?" — думал Патмосов через полчаса, идя к вокзалу Царскосельской железной дороги.

XV

Ястребов встретил его радостный и возбужденный.

— Вы у меня обедаете, — сказал он, — и поговорим. Я другими делами занят, но скоро освобожусь. Вы необходимы мне!

Патмосов поклонился.

До обеда было еще добрых три часа, и он не спеша направился к Павловску, мимо того места, где было совершено убийство.

Он шел дальше, глубоко задумавшись, когда вдруг услышал густой лай большой собаки; он обернулся; его нагонял всадник, а впереди всадника бежал огромный дог, оглашая пространство лаем.

Вдруг к ногам Патмосова упал предмет, при виде которого он вздрогнул всем существом.

Это был окурок папиросы. Окурок с таким же длинным мундштуком, такой же толщины, как те...

Патмосов с жадным любопытством взглянул в сторону удалявшегося всадника и увидел только широкие плечи и густые каштановые волосы, прикрытые соломенной шляпой.

Он рванулся было бежать за ним, но потом одумался, добрался до первой скамейки и сел на нее. Подле него дворник мел дорогу.

— Богатое место! — сказал ему Патмосов.

— Мое-то? — удивился дворник.

— Не ваше, а эта дорога! Сколько по ней собственных экипажей едет, сколько тысячных коней! А верхом! Вон сейчас проскакал. Кто это? Не знаете?

— Где их всех знать! Этот из Царского. Часто ездит. Пронесется туда, потом назад — и все! Завсегда с собакою.

Патмосов встал, кивнул дворнику и бодрым шагом пошел к Ястребову.

— Мы на балконе сядем, — сказал следователь радушно, — жара! У меня великолепнейшая ботвинья!

Они съели ботвинью, съели отбивные котлеты, малину со сливками, и, наконец, прислуга подала коньяк и кофе.

Ястребов налил кофе, предложил гостю сигару, рюмку коньяку и наконец, раскурив сигару, откинулся к спинке плетеного кресла.

— Ну-с, дорогой Алексей Романович, теперь поговорим! Вы знаете, я вчера еще арест сделал и ни свет ни заря уже допрос снял.

— Молодого Савельева? — сказал Патмосов. Ястребов вытаращил глаза.

— Вы откуда знаете?

— Я все знаю, — улыбнулся Патмосов, — но что же вы от него узнали и почему арестовали?

— На него вчера показания сделал компаньон Дергачева, Розенцвейг.

— Так!

— Он видел его с Дергачевым — раз, а два — у Дергачева были векселя с подложной подписью, работы этого господина Савельева.

— Так!

— Но что важно, на него указывает Трехин. Наконец, Савельев сказал сперва, что не видел, потом видел, и совершенно не говорит, где был ночью. Вот видите, подозрительно? А? Да, да! И еще! Векселей его я не нашел у Дергачева. Вчера с судебным приставом все пересмотрел. Векселей куча, и все по срокам разложены, а его векселей нет! А?

Патмосов молчал.

Ястребов поправился в кресле.

— Теперь этот Трехин! — заговорил он снова. — Тоже не говорит, где ночь провел, тоже видел Дергачева, и ко всему — неистовый человек. Совершенно одержимый! А убить — расчет, едва он узнал, что наследство может мимо носа пройти. А?

Патмосов опять промолчал.

— И, наконец, Резцов! Этот — прямо разбойник. Был на

очной ставке с дворником и все свое: "Уехал в восемь часов, а деньги — нашел!"

— Портсигар Лукерья признала. Вот он! — Патмосов положил портсигар на стол и передал эпизод с Лукерьей.

— Вот видите! — оживился Ястребов и заговорил просительным голосом: — Теперь все от вас зависит, голубчик, Алексей Романович!

— Что же от меня-то?

— Обличить их надо! Где были, когда выехали, как убили, чем. Я вам бумажки уже изготовил. Сделайте обыски у них, опросите всех. Господи, да вы уж знаете все это! — взмолился Ястребов.

Патмосов встал, встал и Ястребов.

— Вот эти бумажки. Пожалуйста!

— Хорошо, я сделаю, — сказал Патмосов, прощаясь с хозяином.

— Ну вот. Ведь из трех уж, наверное, один убийца!

— Четвертый! — засмеялся Патмосов и, пожав руку хозяину, вышел в сад.

XVI

По пути домой Патмосов размышлял: "Который из трех? Да, понятно, четвертый! И этот четвертый — тот всадник с собакою. И это — убийство не для грабежа. Все ясно. А тайна — в письмах и там, подле Серёжи! Да, да!"

Дома он сел к столу, взял лист бумаги и написал:

"Уважаемый Николай Поликарпович! Знаю наверное, что сын ваш не совершил этого дела. Что касается опрометчиво подписанных бумаг, то они исчезли неизвестным образом. Ваш...".

Он подписался, вложил письмо в конверт и надписал адрес Савельева.

XVII

Таинственный всадник был найден Патмосовым на другой же день.

В двенадцать часов дня он уже сидел на той скамье, в парке Павловского вокзала, подле которой вчера видел всадника, курил, читал газету, гулял по аллее, а время ползло, как черепаха.

Но вот пошел второй час, и на аллее из Царского показался всадник.

Патмосов внимательно разглядел его.

Это был красавец блондин лет тридцати шести, с окладистой русой бородой, с пышными волосами, богатырь по сложению. Он ехал медленным шагом, держа руки на луке седла.

"Теперь ждать, когда поедет обратно", — решил Патмосов и пошел по прямой аллее до первого поворота в Царское.

Этого места всаднику не миновать.

И опять потянулись часы ожидания.

Но вот раздался лай собаки, и показался всадник.

На этот раз он ехал крупной рысью и мерно подскакивал на седле.

Патмосов проводил его глазами до следующего поворота и, заметив направление, быстро пошел за ним.

Дойдя до поворота, он увидел сторожа парка и спросил его:

— Скажите, в каком направлении проскакал господин на лошади? Еще с ним большая собака... Я поднял портсигар, который он обронил! — и Патмосов показал серебряный портсигар.

— А прямо в ворота и налево!

Дойдя до Софии, Патмосов с тем же вопросом обратился к городовому.

— По этой улице!

Дальше, на углу Велиовской, городовой ему сказал:

144

— Господин Санин, дом нумер девять!

Первая часть задачи была выполнена.

Патмосов прямо направился в полицейскую часть, назвал себя и попросил дать справку о Санине.

— В одну минуту! — с готовностью отозвался пристав. — Богатейший барин. Художник. Портреты пишет и, говорят, дешевле двух тысяч не берет! А? Зовут Сергеем Матвеевичем, а живет здесь в гостях, у князя Таруханова, кирасира.

— А в городе?

— В городе у него мастерская. Позвольте! — он заглянул в листки. — Тучкова набережная, три. Ишь куда занесло!

— Благодарю вас!

Патмосов почувствовал смущение. Такое лицо вряд ли может быть убийцей.

Вдруг он остановился посреди дороги и крепко хлопнул себя по лбу. А! Он — Сергей, и тот — Сережа! Что же это значит?

XVIII

На другой день Патмосов нарядился денщиком и направился на Тучкову набережную, три.

На тяжелой, массивной двери он прочел дощечку: "Сергей Матвеевич Санин" и смело дернул шнур звонка.

Дверь отворил молодой человек плутоватого вида, без пиджака, подпоясанный зеленым фартуком, с метелкой в руке.

— Чего тебе? — спросил он.

— Полковница прислала, — простодушно ответил Патмосов, — приказала спросить, когда приехать портрет писать?

— Сергей Матвеевич завтра быть обещался, — ответил слуга.

Патмосов не уходил. Он подмигнул слуге и сказал:

— А где тут у вас портерная, мил человек? Пивка бы парочку!

Лицо слуги тотчас изменилось.

— Подожди секунду, я надену спинжак и тебя проведу! Войди пока! — он впустил Патмосова в прихожую и бегом взлетел по лестнице во второй этаж. — Сичас! — крикнул он.

Патмосов огляделся.

Передняя представляла роскошную комнату, уставленную растениями и статуями. Взор Патмосова быстро скользил с предмета на предмет и вдруг приковался к длинной стойке для палок.

Патмосов стал перебирать трости.

Вдруг он нагнулся и быстро поднял лежавшую внизу палку.

Она была выточена из американского дерева и оканчивалась топориком вершка два шириною. Патмосов взял ее за середину и взмахнул ею.

Лицо его осветилось торжеством.

— Вот и я, — сказал слуга, сойдя с лестницы, — любовался?

— Много палок, — ответил Патмосов, — а с этой хоть на медведя!

— Редко берет. Последний раз брал, вернулся, швырнул: "Тяжелая, — говорит, — убери!"

— Давно брал? — небрежно спросил Патмосов, идя к двери.

— Нет. С ей он к князю уехал, а позавчера привез. Приезжал.

— Часто бывает?

— Теперь нет. Вот завтра будет.

Он запер подъезд, положил ключ в карман и пошел с Патмосовым, добродушно болтая.

— Мне у его житье, как на квартире. Что барин! Ей-Богу! Коли пришел кто — на чай тебе. Меньше полтины и не дают.

Они вошли в портерную, Патмосов спросил пива, и тот продолжал:

— Только комнаты убери, кисти вымой, и все! Кухарка готовит. Совсем барин! А жалованья — двадцать пять!

— Ваше здоровье, как вас звать?

— Василий Афанасьевич. А вас?

— Петр Демьяныч.

Они выпили.

— А давно вы у него на службе?

— Второй месяц. Раньше у него жил такой непутевый, пьяница: какие-то письма у него украл, ну, барин и выгнал!

Сердце Патмосова забилось.

— Письма? — повторил он.

— Мне Матрена сказывала. Барин, слышь, чуть не убил его. Потом выгнал.

Словно свет озарил Патмосова.

Допив пиво, он расплатился, крепко пожал руку Василью и сказал:

— Так передайте барину, чтобы подождал!

— Ладно. Приходи еще.

Патмосов проводил его до дверей подъезда, и они расстались.

XIX

Ястребов чувствовал раздражение на Патмосова.

— Опять не был, — сказал он Флегонтову, входя в камеру, — это черт знает что! Это недобросовестно! Что я без него буду делать, а?

В это время вошел сторож.

— Просит принять кухарка эта.

— Какая кухарка?

— Та, что у убитого служила.

— Зови, зови! — следователь оживился.

В камеру вошла Лукерья и с грохотом упала на колени.

— Виноваты мы, — тихо покаялась Лукерья, — ограбили покойника. Я и Прохор.

147

— Убил он? — спросил Ястребов.

— Что вы, прости Господи, — и Лукерья даже отодвинулась. — Ограбили его, точно...

Следователь разочарованно вздохнул.

— Как же, когда и что?

— Добро всякое, а денег тысячу.

— Когда же украли?

— Как барин на музыку пошел. Я — четыреста, а он — шестьсот взял. Вещи тоже взяли. Которые в щекатулке, внизу были. Заперли. Прохор и ушел.

— А где вещи?

— Его не знаю, а что у меня, так вот! — и Лукерья положила перед Ястребовым сверток.

Он развернул его и увидел пачку денег, два браслета, часы, цепочку, серьги и крупную брошь.

— Губа не дура! — усмехнулся Ястребов, отодвигая вещи. — Ну, молодец, что покаялась! Грамотная?

— Грамотная! — уже бойко ответила Лукерья.

— Ну, вот — подпиши! — Ястребов взял от Флегонтова записанное показание, громко прочел его и положил перед Лукерьей. — Подпиши!

Она подписала.

— Ну, а теперь тебя арестовать надо!

Лукерья покорно кивнула головой. Ястребов написал приказ, и Лукерью увели.

XX

Патмосов с утра стал готовиться к предстоящему свиданию.

Он наклеил себе бороду и на нос нацепил пенсне с темными стеклами.

После этого он надел форменные военные брюки, белый

китель е полковничьими погонами, повесил шашку, взял общегвардейскую фуражку и с удовлетворением оглядел себя в зеркало.

Он еще раз оглядел все мелочи, взял три письма Веры Андреевны, тщательно спрятал их и суеверно перекрестился.

На улице Патмосов взял извозчика и поехал на Тучкову набережную.

Василий тотчас отворил ему. Теперь он был одет в серый казакин со светлыми пуговицами.

— Барин дома? — спросил Патмосов.

— Дома-с! Пожалуйте! — и Василий указал ему на лестницу.

На площадке показался художник в серой блузе. Солнце освещало его львиную голову, он был красив, как Антиной.

Сердце Патмосова сжалось.

Он предпочел бы видеть на его месте типичного злодея.

— Сюда! Сюда! — говорил звучным голосом Санин. — Ко мне, в мастерскую! С кем имею честь? Дурак-слуга сказал, что ко мне собиралась барыня.

Патмосов поднялся наверх и не решился пожать протянутую ему руку.

Он взял в одну руку фуражку, а другой вынул носовой платок.

— Полковник Снегирев. Вчера правда моя жена к вам собиралась и денщика послала, но жара, мигрень... знаете? И вот я вместо нее. А что до барыни, так, может, к вам еще кто собирался?

— Нет, нет, — поспешно ответил Санин, — избави Бог! Сюда! — Он отпахнул тяжелую портьеру, и они вошли в громадную мастерскую в два света, со стеклянной крышей.

Санин размашисто двинул мягкое кресло, поставил подле него курительный прибор и сказал:

— Садитесь, курите и говорите, чем могу служить, а я помалюю!

Он сел на табурет перед мольбертом и взял из вазы кисть.

Патмосов опустился в кресло и заговорил непринужденным тоном:

— У вас тут целый музей! Даже внизу: и зверинец, и коллекция палок. Прекрасные палки!

— Да, есть! — небрежно ответил Санин.

— Одна, которая с топором, — продолжал болтать Патмосов, в то же время следя за лицом Санина. — Недорогая, но незаменимая. Если ей стукнуть! Я знаю случай, когда одним ударом такой палки разбили голову, как орех. Вам, вероятно, случается бродить по пустынным местам?

Патмосов увидел, как омрачилось лицо художника и как дрогнула кисть в его руке.

— Палка дрянь, — сказал он после минутного молчания, — я велел ее убрать, а этот дурак все ее ставит.

Патмосов взял из ящика папироску с толстым, длинным мундштуком и спросил:

— Вы всегда курите эти папиросы?

— Всегда, — уже с некоторым раздражением ответил Санин, — а что?

Патмосов закурил и, стараясь казаться равнодушным, сказал:

— Приметные очень. Если бы вы совершили преступление, по одним этим папиросам вас могли бы найти и обличить!

Рука у Санина задрожала, и он быстро откинулся от мольберта.

— Я бы унес с собой свои папиросы, — сказал он с деланным смехом.

— А окурки? — тихо произнес Патмосов и замолчал.

Санин резко двинулся на табурете и, отвернув лицо, будто роясь в красках, сказал:

— Будьте добры объяснить мне цель вашего визита. Признаюсь, наш разговор начинает меня утомлять.

Патмосову стало жаль этого человека.

— Я хотел просить вас написать мне картину.

— Я картин не пишу, — глухо ответил Санин. — Я портретист.

— Здесь главным образом лица. Если позволите, я расскажу ее содержание.

Патмосов видел, как сбежала краска с лица Санина, и слышал его прерывистое дыхание.

— Расскажите, — глухо произнес он.

— О, в двух словах! — сказал Патмосов. — Ночь; дорожка вдоль оврага; на ней двое. Один энергичный, сильный, молодой, другой — пожилых лет, дряхлый, с хитрым, развратным лицом. И этот сильный поражает его в голову палкой, на конце которой...

Санин вдруг вскочил, и лицо его исказилось бешенством.

— Ты не офицер, ты — агент! — закричал он и бросился на Патмосова.

Тот успел отскочить за кресло.

— Что же, вы хотите и меня убить? — сказал он спокойно.

Санин остановился, схватился за голову руками и со стоном повалился.

Патмосов с глубоким состраданием смотрел на совсем недавно еще гордого и сильного человека, у которого теперь вздрагивали, как у ребенка, плечи.

— Арестуйте меня, — наконец глухо сказал Санин, — да! Я убил этого мерзавца, той палкой.

— Я не буду вас арестовывать, — ответил Патмосов, — поезжайте завтра в Царское, явитесь к следователю сами с повинной.

Санин поднял голову и с удивлением взглянул на Патмосова.

Тот угадал его мысль.

— Если бы вы убежали, я нашел бы вашу корреспондентку...

При этих словах Санин опять вскочил как бешеный.

— Откуда вам это известно?

— Из этих писем, — Патмосов показал три письма.

— Ее письма! Но я их все взял! — наивно воскликнул Санин.

— Не все! Дергачев был хитрее и три письма держал у себя в бумажнике.

— О, мерзавец! — проговорил Санин. — Он бы снова нас мучил!

Он помолчал, потом встал, прошел по мастерской, вернулся и сказал:

— Я вам все расскажу! Все! Судите!...

Патмосов молча кивнул.

Санин начал свой рассказ, сперва волнуясь, потом спокойнее, и его прекрасное лицо оживилось воспоминаниями любви.

XXI

— Это началось четыре года тому назад. Да! Четыре года будет семнадцатого августа. Ее муж заказал мне с нее портрет, и я к ним приезжал для сеансов. Ее муж носит старинную аристократическую фамилию, богат несметно, красив, несмотря на свои шестьдесят четыре года, и благороден на редкость. Ей всего двадцать шесть лет, и он ее мужем является только номинально. Она — дочь его боевого товарища, осталась сиротою, и он не придумал лучшей формы опеки, как жениться на ней, и относится к ней как отец. Буквально. Она платит ему привязанностью и ухаживанием. И вдруг — я на дороге! Я со своей любовью!... Да, так началась наша любовь.

Санин закурил папиросу, бросил ее, взял новую и заговорил снова:

— Должно было случиться то, что случилось. Она забеременела. Да! Это было наше счастье и наш ужас. Счастье — увенчать любовь свою живым плодом, ужас — открыться. Не для меня! Я всегда молил ее об этом, но для нее. Она была убеждена, что ее муж не перенесет этого открытия. Приводил ее в ужас и скандал, который мог разразиться в обществе. Она — женщина своего круга, своих понятий. Я понимал ее и разделял ее страхи. И тут нам выпала вдруг удача. Генерал уехал в Англию, оттуда в Америку на семь месяцев. Он звал с собою жену, но она уклонилась и назначила ему свидание в

Париже... Это было удачей. Она уединилась и родила прекрасного мальчугана.

Лицо Санина озарилось широкой, светлой улыбкой.

— И началось наше новое счастье. Счастье отца и матери. Я его поместил в надежные руки, а потом решил, едва отнимут его от кормилицы, перевезти к себе. И все пошло прахом!

Он тяжело перевел дух и продолжал:

— Это случилось совсем недавно. Всего с месяц. Она приехала ко мне в безумном ужасе и показала письмо от какого-то негодяя. Негодяй писал, что знает про ее связь, знает, что у нее есть ребенок и где он и что он все это огласит, если она не заплатит ему пять тысяч рублей. За эту сумму он продавал ее письма. Письма ко мне! Я бросился в спальню, где в ящике стола держал ее письма. Их не было! Да, только тогда я понял, как надо беречь тайны. Надо сжигать все! Записку, ленточку, всякий знак. Надо держать себя с любовницей, как с зачумленной. А я, болван, берег ее каждое письмо как святыню!

Он ударил себя по лбу и сжал кулаки.

— Очевидно, их украл мой слуга. И едва уехала Вера, как я набросился на слугу. Я его встряхивал, как мешок, швырял, как кошку, я готов был пытать его огнем и железом. Он ревел, ползал на коленях и во всем сознался. Через других слуг-негодяев он узнал, что один мерзавец платит хорошие деньги за господские письма. Мой каналья был не дурак. Несомненно, он знал нашу тайну и отправился к этому Дергачеву. Да! И продал меня за триста рублей.

Он помолчал, потом продолжал:

— Слугу я выгнал, а сам поехал к Дергачеву в Павловск и вызвал его на вокзал. Там я объяснился с ним. Я предложил ему две тысячи.

Он вскочил, сел, снова вскочил, и лицо его теперь горело злобою.

— Тут и начались пытки! Он торговался и после каждого свиданья слал ей письма с угрозами, а она ехала ко мне и писала ко мне умоляющие письма. Это был месяц сплошных мук. Я все же выторговал тысячу. Он согласился отдать мне письма за четыре тысячи.

Санин горько усмехнулся.

— Значит, за тысячу он припрятал три письма! Ловко! Да? — и он продолжал: — Двадцать шестого числа я собрал всякими способами три тысячи рублей и известил его, что двадцать седьмого куплю свои письма. Я бегал, искал, но нашел еще только сто рублей. И я поехал.

Патмосов кивнул.

— Мы условились встретиться в десять часов вечера. Я ждал его, он не шел. Одно это ожидание уже обозлило. Наконец он пришел...

Санин перевел дух.

— И тут началось! Я сказал, что остальные четыреста я отдам ему завтра. Он ответил, как хам: "Тогда и письма" и хотел уйти. Я удержал его и стал упрашивать. Мы начали спорить. Он дразнил меня: то вынимал пакет из кармана пальто, то прятал его назад. И ничего бы не было, — сказал Санин, — если бы не пустяк.

Он тяжело перевел дух.

— Я взял его за пальто, за борт, а он вдруг заорал: "Вы хотите убить меня!" и толкнул. Во мне словно пружина лопнула. Все завертелось, закружилось, и, когда я очнулся, он лежал на земле. Я нагнулся. Кровь! Тогда я понял, что сделал. По моей палке текла кровь. Ко мне вдруг вернулось спокойствие. Я нагнулся к нему и выдернул у него из кармана пакет. Потом отошел, старательно вытер и вычистил палку и пошел на музыку. Повидал двух-трех человек и пешком вернулся в Царское, где живу у своего приятеля. Вот! — окончил он. — На другое утро я послал ей письма.

Он замолчал и опустился в кресло, закуривая пятнадцатую по счету папиросу.

XXII

Патмосов первый прервал молчание.

— Вы должны теперь открыться следователю, — сказал он, — сейчас у него трое в подозрении, и из них двое совсем невинны.

— Но как? Я тогда должен рассказать все? Открыть ее имя! Я не могу! — воскликнул Санин.

— Слушайте. Я помогу вам. Идите к следователю, расскажите ему факт убийства, а причину придумайте, какую хотите. Он любил женщин, был развратник.

— А эти письма? — сказал Санин. — По которым вы додумались?

Патмосов вынул их из кармана и решительно протянул Санину.

— Возьмите их и уничтожьте!

Санин жадно схватил их и воскликнул:

— О, теперь я спокоен! Берите меня!

— Нет, нет, вы сами!

— Согласен.

Патмосов сказал адрес и поднялся с кресла. Волнение душило его. Спокойствие Санина было трогательнее его недавнего отчаяния.

— Я иду! Вам надо приготовиться.

— Я теперь Голиаф! — засмеялся Санин. — В одиннадцать у него в камере!

Патмосов выбежал из мастерской.

Он вернулся домой и тотчас позвал к себе хозяйку, продиктовал ей друг за другом два любовных письма и записку с назначением свидания, подписав их все буквою "В".

— Все!

Молодая женщина встала.

— А теперь вы эти записки покажете мужу, — смеясь, сказала она.

— Да, да! Вы рискуете, — в тон ей ответил Патмосов и

потом серьезно сказал: — Вы спасаете честь женщины, как люди понимают ее, и спокойствие семьи.

XXIII

На другой день Патмосов ехал в Царское Село к Ястребову, который успел послать ему четыре телеграммы.

— Что же вы, дорогой мой, так запропали? Я истомился, ожидая вас.

— Занят был, все этим же делом, — ответил Патмосов и, вынув из бумажника три письма, положил их на стол. — Вот письма, которые я брал. Они ни к чему.

— Я же говорил, — сказал Ястребов, — у него любовниц тысяча! Уберите, Севастьян Лукич.

Он кинул письмоводителю письма и снова спросил Патмосова:

— Ну, что же вы сделали за это время?

— Нашел убийцу, — ответил с улыбкой Патмосов.

Ястребов даже привскочил, и глаза его засверкали.

— Я говорил! Ну, рассказывайте, какие улики? Который из трех?

— Четвертый, — ответил Патмосов. Ястребов упал в кресло и захлопал глазами.

— Вы шутите?

— Нет, серьезно! Где же он?

— Он... — Патмосов поглядел на часы. На них было без двух минут одиннадцать. — Он сейчас будет здесь, у вас.

— Господина следователя можно видеть? — раздался звучный голос.

— Пожалуйте! — крикнул Патмосов, вставая. — Пришел! — сказал он тихо Ястребову.

Тот поднялся с кресла.

— Вот и я! — и на пороге камеры показалась мощная фигура Санина.

Патмосов горячо пожал ему руку и поспешил выйти.

XXIV

Слух о том, что Санин, этот милейший человек, даровитый художник, оказался убийцей, произвел в Петербурге сенсацию.

Зал суда был битком набит дамами высшего света.

Санин держал себя на суде с благородною простотою.

Он объяснил, как убил Дергачева, и рассказал о мотивах этого убийства.

Дело вышло из-за женщины, которую называть Санин не хотел.

Присяжные признали его виновным в убийстве в запальчивости и заслуживающим снисхождения.

Суд приговорил его к четырем годам каторжных работ.

Лукерья и Резцов судились за кражу и были осуждены: она — на два месяца, а он, как рецидивист, на поселение.

Трехин получил наследство и закутил так, что через месяц очутился в больнице.

Марья Васильевна стала выезжать и в скором времени обзавелась новым покровителем.

Что касается молодого Савельева, то пережитые им позор и страх совершенно образумили его. Он разорвал свои прежние знакомства, поступил к отцу на фабрику, где принялся основательно изучать дело.

Векселя исчезли, и надо предполагать, что они вместе с письмами попали к Вере Андреевне и сгорели в камине.

Остается сказать про Веру Андреевну.

Через два года после осуждения Санина она овдовела и со своим сыном Сережей поехала в Сибирь — к тому, кто так дорого заплатил за ее спокойствие. Когда Санин отбыл срок каторги, они поженились и поселились в Иркутске, где Санин опять стал зарабатывать сумасшедшие деньги.